Dagmar Lueger

Beobachtung leicht gemacht

Dagmar Lueger

Beobachtung leicht gemacht

Beobachtungsbögen zur Erfassung kindlichen
Verhaltens und kindlicher Entwicklungen

Beltz Verlag · Weinheim und Basel

Ihre Wünsche, Kritiken und Fragen richten Sie bitte an:
Verlagsgruppe Beltz, Verlagsbereich Frühpädagogik
Werderstraße 10, 69469 Weinheim.

ISBN 13 978-3-407-56287-6
ISBN 10 3-407-56287-X

Alle Rechte vorbehalten

© 2005 Beltz Verlag · Weinheim und Basel
1. Auflage 2005

06 07 08 09   7 6 5 4

Das Werk und seine Teile sind urheberrechtlich geschützt. Jede Nutzung in anderen als den gesetzlich zuge-
lassenen Fällen bedarf der vorherigen schriftlichen Einwilligung des Verlages. Hinweis zu § 52 a UrhG: Weder
das Werk noch seine Teile dürfen ohne eine solche Einwilligung eingescannt und in ein Netzwerk eingestellt
werden. Dies gilt auch für Intranets von Schulen und sonstigen Bildungseinrichtungen.

Planung/Konzept: Ulrike Bazlen, Weinheim
Lektorat: Sigrid Weber, Freiburg
Herstellung: Anja Kuhne, Weinheim
Satz: Markus Schmitz, Büro für typographische Dienstleistungen, Münster
Druck und Bindung: Druckhaus „Thomas Müntzer", Bad Langensalza
Umschlaggestaltung: glas ag, Seeheim-Jugenheim
Titelfotografie: Barbara Fahle, Frankfurt a. M.
Printed in Germany

Weitere Informationen finden Sie im Internet unter http://www.beltz.de

Inhalt

Vorwort

„Der Umgang mit Kindern ermüdet uns.
Ihr habt Recht.
Ihr sagt: Denn wir müssen zu ihrer Begriffs-
welt hinuntersteigen. Hinuntersteigen, uns
hinabneigen, beugen, kleiner machen.
Ihr irrt euch!
Nicht das ermüdet uns, sondern, dass wir zu
ihren Gefühlen
empor klimmen, uns ausstrecken, auf Ze-
henspitzen stellen, hinlangen – um nicht zu
verletzen."

Janusz Korczak

Janusz Korczak hat für meine Arbeit mit Kindern die passenden Worte gefunden. Wir sollten uns immer wieder vor Augen führen, wie komplex die Entwicklung eines Kindes ist und welche Verantwortung wir tragen, diese unterstützend zu begleiten, so dass das Kind die optimalen Chancen bekommt, seine Fähigkeiten zu entfalten. Die Voraussetzung dafür bildet die genaue Planung, Beobachtung und Reflexion unserer Arbeit. Das vorliegende Buch will einen Beitrag dazu leisten, diese wichtige pädagogische Aufgabe in die Praxis umzusetzen.

Mögen wir auf Zehenspitzen stehend, noch viele Kinder erreichen!

Köttmannsdorf/Rotschitzen
im Dezember 2004

Dagmar Lueger

Einführung

Die Beobachtung und Dokumentation der pädagogischen Arbeit ist ein zentraler Punkt in der täglichen Arbeit mit Kindern geworden, dennoch wissen viele Erzieherinnen nicht, wie sie an die eigentliche „Beobachtungsarbeit" und Dokumentation herantreten sollen. Beobachten hat nichts mit Kontrollieren, sondern etwas mit Gefühlen zu tun: Jemanden, dessen Wohl mir am Herzen liegt, den möchte ich beachten, ihm meine Aufmerksamkeit schenken und auf ihn Acht geben. Bezug nehmend auf die Arbeit mit Kindern bedeutet dies nichts anderes, als dass wir das Augenmerk auf die Details ihres Entwicklungsverlaufs legen, um Fortschritte, Veränderungen, Abweichungen und Verzögerungen bemerken zu können. „Bemerken" alleine reicht aber für die Arbeit einer Erzieherin nicht aus. Ihre Aufgabe besteht darin, den Entwicklungsstand eines Kindes mit all seinen Stärken und Schwächen zu erfassen und zu dokumentieren und darauf aufbauend das Kind mit konkreten Angeboten zu fordern und zu fördern.

Mit dem Dokumentieren haben viele Erzieherinnen die meisten Schwierigkeiten: Sie beobachten zwar gut, wissen aber nicht, wie sie ihre Beobachtungen schriftlich festhalten sollen. Die wesentlichen Erziehungs- und Bildungsbereiche wie Sprache, Motorik usw. sind zwar klar, es stellt sich jedoch die Frage nach der Bedeutung dieser Entwicklungsbereiche, ihres „normalen" Entwicklungsverlaufs, wie man diesen beim individuellen Kind über einen längeren Zeitraum hinweg systematisch erfassen und einschätzen kann, um das Kind mit entsprechenden Förderangeboten gezielt zu unterstützen. Für dieses „Aufgabenpaket" bietet das Buch eine kompakte Lösung an.

Zu den Zielen des Buches

Das Buch will der Erzieherin
- grundlegende Informationen zur Bedeutung der großen Entwicklungsbereiche Motorik, Wahrnehmung, Sprache, Denken und Emotionen in Kombination mit dem Sozialverhalten geben;
- ihr die grundlegenden entwicklungspsychologischen Informationen über den „normalen" Verlauf der einzelnen Entwicklungsbereiche vermitteln;
- ihr vorstrukturierte Beobachtungsbögen an die Hand geben, mit denen sie den Entwicklungsstand der Kinder nach jedem Quartal, ohne großen Aufwand, schnell und systematisch dokumentieren kann;
- sie auf diese Weise für die Entwicklung jedes einzelnen Kindes sensibilisieren, um zum einen die fachliche Grundlage für Elterngespräche zu gewinnen und zum anderen gezielte Förderangebote für das Kind ableiten zu können.

Zum Aufbau des Buches

Das Buch gliedert sich in fünf Kapitel, die sich mit den zentralen Entwicklungsbereichen beschäftigen. Zunächst wird in den „Allgemeinen Überlegungen" insbesondere die Bedeutung jedes einzelnen Entwicklungsbereichs herausgearbeitet und auf die Zusammenhänge mit anderen Entwicklungsbereichen verwiesen. In einem zweiten Schritt wird detailliert auf den Entwicklungsverlauf des jeweiligen Bereichs eingegangen. Dieser wird bereits von den ersten Lebensmonaten an dargestellt, zum einen, um sich den rasanten Verlauf der kindlichen Entwicklung bewusst zu machen, zum anderen, um der Erzieherin einen Hintergrund für Elterngespräche zu geben. Allen Kapiteln liegt die Idee der so genannten „Meilensteine" zugrunde, die von folgender Überlegung geleitet werden: Bereits mit der Geburt setzt sich ein Kind aktiv mit seiner Umwelt auseinander. Es sind aber nur jene Entwicklungsschritte (Meilensteine) möglich, die den psychischen und physischen Voraussetzungen entsprechen, d. h. das Kind ist an eine zeitliche Abfolge seiner „Meilensteine" gebunden, wobei einer den anderen bedingt und nicht übersprungen werden kann. Z. B. benötigt ein Kind eine Reihe an motorischen Vorerfahrungen, damit es sich über das Krabbeln, Hochziehen in den Stand usw. mit dem Gehen auseinander setzen kann. Zu erwähnen ist an dieser Stelle auch, dass die Altersangaben für einzelne Entwicklungsschritte nicht zu starr, sondern als Richtwerte zu sehen sind, denn jedes Kind entwickelt sich individuell nach seinem Tempo.

Der dritte Schritt widmet sich bereits der Beobachtung und stellt die jeweiligen Kriterien und Bereiche vor, nach denen die motorische, sprachliche, etc. Entwicklung beobachtet werden soll. Als nächstes finden sich die Beobachtungsbögen, die untergliedert sind nach verschiedenen Beobachtungsbereichen, die wiederum Kriterien enthalten, nach denen die Fähigkeiten des Kindes eingeschätzt werden können. Die Erzieherin hat damit die Möglichkeit, die jeweiligen Entwicklungsschritte Punkt für Punkt durchzugehen. Damit dies nicht in eine lange Schreibarbeit ausartet, sind drei Symbole vorgesehen, mit denen sie ihre Beobachtungen kurz und prägnant festhalten kann: das Plus (+) für ein Vorhandensein des zu überprüfenden Punktes/Entwicklungsschrittes, die Wellenlinie (~) für einen teilweise erkennbaren Entwicklungsschritt und das Minus (–) für ein Nicht-Vorhandensein eines Entwicklungsschrittes. Im Anschluss daran finden sich pädagogische Überlegungen, wie der dargestellte Entwicklungsbereich auf der allgemeinen Ebene gefördert werden kann. Abgeschlossen wird jedes Kapitel mit einem Formblatt, auf dem gezielte Förderangebote, die sich als unterstützende Maßnahmen aus den Beobachtungsergebnissen ergeben haben, dokumentiert und reflektiert werden können.

Zur praktischen Arbeit mit dem Buch

Legen Sie zunächst für jedes Kind eine „Beobachtungsmappe" an, in der sie
- sämtliche Gespräche mit den Eltern festhalten,
- ärztliche oder andere fachdienstliche Befundberichte ablegen,
- Absprachen und Meinungen der Kolleginnen notieren,
- die einzelnen Beobachtungsbögen ablegen.

Das hilft Ihnen dabei, alle Informationen immer systematisch parat zu haben – für sich selbst, für Gespräche mit KollegInnen, Eltern und Fachkräften. Bei der Arbeit mit den Beob-

achtungsbögen können Sie nach folgenden Schritten vorgehen:
- Beobachten Sie das Kind zunächst in allen Entwicklungsbereichen und entscheiden dann z. B. nach Maßgabe eventueller Entwicklungsdefizite, welchen Entwicklungsbereich Sie mit Hilfe des Beobachtungsbogens genau beobachten wollen.
- Suchen Sie sich eine Aktivität heraus oder bieten Sie dem Kind eine bestimmte Aktivität an, bei der sich der jeweilige Entwicklungsbereich besonders gut beobachten lässt.
- Sprechen Sie sich vorher mit Ihren KollegInnen ab, so dass Sie die Beobachtung möglichst störungsfrei durchführen können.
- Beschäftigen Sie sich vor der Beobachtung intensiv mit den grundlegenden Informationen zu den einzelnen Entwicklungsbereichen, so dass Sie den Entwicklungsstand möglichst schnell und präzise erfassen können.
- Machen Sie sich während der Beobachtung Notizen und füllen Sie den Bogen anschließend sorgfältig und in Ruhe aus (Beispiel am Ende dieses Kapitels).
- Überlegen Sie sich vor der Grundlage Ihrer Beobachtungsergebnisse entsprechende Förderangebote für das Kind.
- Bringen Sie die Ergebnisse und Fördervorschläge in Ihre Teambesprechung ein und diskutieren sie darüber.
- Beginnen Sie dann mit den konkreten Förderangeboten für das Kind, dokumentieren und reflektieren Sie diese auf dem Formblatt für Förderangebote (Beispiel am Ende des Kapitels).
- Führen Sie nach einem Vierteljahr die gleiche Beobachtung noch einmal durch, vergleichen die Ergebnisse und stellen einen weiteren Förderplan auf.
- Zeigt sich, dass die Beobachtungsergebnisse auffällig sind, planen Sie ein Elterngespräch und diskutieren mit den Eltern, inwieweit fachdienstliche oder fachärztliche Hilfe in Anspruch genommen werden sollte.

Ein kleines Fallbeispiel soll die Arbeit mit den Beobachtungsbögen noch einmal von der praktischen Seite her demonstrieren. Einer Erzieherin fällt in ihrer Gruppe der dreijährige Sebastian auf. Er hört nicht, wenn er gerufen wird, oft lässt er den Mund offen stehen, er hat Ringe unter den Augen und ist aufgrund seiner „verwaschenen" Aussprache nur schwer zu verstehen. Viele Eindrücke, eventuell noch mehr Vermutungen, aber wie schaut hier eine konkrete Vorgehensweise aus?

Die Erzieherin schaut zunächst in die „Beobachtungsmappe" von Sebastian, ob dort bereits Informationen vorliegen: Gesprächsnotizen von KollegInnen, Protokolle von Elterngesprächen oder ärztliche Befundberichte. Da ihr diese Informationen keine weiteren Anhaltspunkte geben, entscheidet sie sich für die Beobachtung der Entwicklungsbereiche Wahrnehmung und der Sprache. Dabei stellt sie fest, dass Sebastian Probleme in der auditiven Wahrnehmung, im speziellen der auditiven Lokalisation und Aufmerksamkeit und in der korrekten Artikulation und Lautbildung hat. Im Teamgespräch sind alle der Meinung, dass diese Art der Beeinträchtigung im Rahmen der normalen pädagogischen Arbeit im Kindergarten nicht aufgefangen werden kann. Deshalb gibt es den Vorschlag, ein Gespräch mit Sebastians Mutter anzuberaumen, um mit ihr über den aktuellen Entwicklungsstand ihres Kindes zu sprechen und die Konsultation eines HNO-Arztes sowie eine logopädische Betreuung zu erörtern.

Die Erzieherin bereitet sich auf das Gespräch fachlich vor, notiert sich Stärken und Schwächen von Sebastian und fasst ihre Beobachtungsergebnisse detailliert zusammen. Das Gespräch mit der Mutter verläuft sehr positiv. Ihr selbst war schon aufgefallen, dass Sebastian sich im Vergleich zu anderen Kindern sehr undeutlich artikuliert. Auf die Frage der Erzieherin, ob es in Sebastians früherer Entwicklung Auffälligkeiten gegeben habe, erzählt die Mutter dass er seit mehr als einem Jahr immer wieder an Verkühlungen und einer chronischen Mittelohrentzündung gelitten habe. Daraufhin rät die Erzieherin dringend zu einem Besuch beim HNO-Arzt.

Der Befund des HNO-Arztes ergibt, dass aufgrund der Mittelohrentzündung Sebastians Mittelohr mit Flüssigkeit gefüllt war (Seromukotympanon), so dass ihm während dieser Zeit die korrekte Wahrnehmung der Laute nicht möglich war, er konnte sie nicht richtig hören und prägte sich so ein anderes Lautbild ein. Der weitere Befund ergab, dass es ihm nur schwer möglich ist, durch die Nase einzuatmen, ein Ausatmen durch die Nase über-

haupt nicht möglich ist. Dies erklärte ein fortwährendes Offenstehen seines Mundes.

Das Fallbeispiel zeigt den komplexen Verlauf der Abklärung eines kindlichen Entwicklungsstandes. In der Regel tritt keine Beeinträchtigung oder Behinderung isoliert, sondern oft mit anderen Erscheinungsbildern gemeinsam auf. Mit Hilfe der Beobachtungsbögen können sie differenziert betrachtet und erfasst werden, was wiederum eine gute Grundlage für ein Elterngespräch bietet. Hierbei ist das Fingerspitzengefühl der Erzieherin gefragt, es liegt an ihr, mit den Eltern ein gemeinsames Gerüst für die bestmögliche Forderung und Förderung zum Wohle des Kindes aufzubauen.

Im Fall von Sebastian wurde ein Förderkonzept erstellt, das sich aus verschiedenen Bestandteilen zusammensetzte: Genesung in Bezug auf die chronische Mittelohrentzündung (Aufgabe des Arztes und der Eltern), logopädische Förderung und eine unterstützende Begleitung in der Kindergruppe durch die Erzieherin mit speziellen Angeboten: einfache sprachliche Spiele, Geräuschememory, Pustebilder mit Trinkhalm, Wettessen von Solettis (nur mit dem Mund), verschiedene Blasinstrumente erproben, Wettblasen von Watte, Papierkugeln, „blinde Kuh", Topfschlagen, Trommelrhythmen, u. v. m.

Nach ca. einem Jahr zeigte das Ergebnis des Beobachtungsbogens, dass Sebastian seine Entwicklungsdefizite in jeder Beziehung aufgeholt hat. Auch die Ringe unter seinen Augen waren verschwunden, er fühlte sich wohl in der Gruppe und hatte eine besondere Vorliebe für das Arbeiten in der Holzwerkstatt entdeckt.

Angesichts der großen Anzahl von Kindern in einer Gruppe wäre der Anspruch unrealistisch, alle Kinder in allen Entwicklungsbereichen jedes Vierteljahr in dieser Weise zu beobachten. Auf der anderen Seite lässt sich diese Art der Beobachtung jedoch ohne großen Zeitaufwand durchführen und dokumentieren. Sie werden auch die Erfahrung machen, dass Sie bei dieser Aufgabe immer schneller werden, die individuelle Entwicklung des Kindes immer besser im Blick haben und Ihre Arbeit immer professioneller organisieren. Das wirkt sich nicht nur positiv auf die Entwicklung der Kinder, sondern auch auf Ihr eigenes berufliches Selbstverständnis aus.

Exemplarisch ausgefüllter Beobachtungsbogen zu den physiologischen Voraussetzungen für das Fallbeispiel Sebastian

Beobachtungskriterien	Beobachtungsergebnisse (+, –, ~)				
	1. Quartal	2. Quartal	3. Quartal	4. Quartal	Durchschnitt
Nasenatmung Kind kann durch die Nase atmen.	–	~	~	+	~
Mundatmung Kind atmet ausschließlich durch den Mund, kann nicht durch die Nase atmen (z. B. aufgrund von Nasenpolypen).	+	~	~	–	~
Hörvermögen Kind reagiert auf Geräusche, Rufe und wendet sich Geräuschquelle zu.	–	~	+	+	+
Atmung Kind kann kräftig durch die Nase einatmen und durch den Mund wieder ausatmen und auch umgekehrt.	–	~	~	+	~
Stimme Kind setzt Stimme und dafür notwendigen Luftstrom ein.	~	~	+	+	~/+
Sprechwerkzeuge Kind kann Sprechwerkzeuge (Zähne, Lippen, Zunge usw.) für das Sprechen einsetzen.	~	~	+	+	~/+

Befundergebnisse (ärztliche Gutachten, Krankenhausbefunde, Befunde von Logopäden usw.) sollen ebenfalls in die Beobachtungsergebnisse mit einbezogen werden, um ein Gesamtbild des sprachlichen Entwicklungsstandes eines Kindes zu erhalten.

Zusammenfassung des Ambulanzberichtes des Krankenhauses Jahreszeiten, Hals-, Nasen- und Ohrenabteilung (HNO), 30. 7. 2003:

Krankengeschichte (Anamnese)
- Sebastian wurde der Sprachambulanz zugewiesen, da er vermehrt zu Infekten neigt, sehr stark schnarcht, schlecht hört und Probleme in der Aussprache hat.

Befund
- Polypen (Adenoide) massiv vergrößert
- Sebastian leidet unter einem Paukenerguß (Seromukotympanon)
- hat Probleme bei der Konsonantenaussprache, insbesondere „k"
- verfügt aber über altersentsprechenden aktiven und passiven Wortschatz

Angezeigte Behandlungsschritte
- Entfernung der Rachenmandeln (Adenotomie)
- Legen eines Paukenröhrchens zur Belüftung des Mittelohres
- Logopädische Behandlung

© Lueger, D.: Beobachtung leicht gemacht, Beltz Verlag, Weinheim und Basel 2005

Exemplarisch ausgefüllter Beobachtungsbogen zur auditiven Wahrnehmung für das Fallbeispiel Sebastian

Beobachtungskriterien	Beobachtungsergebnisse (+, –, ~)				
	1. Quartal	2. Quartal	3. Quartal	4. Quartal	Durchschnitt
Auditive Lokalisation (Richtungshören)					
Das Kind erkennt und ortet Geräusche seiner Umwelt.	–	~	+	+	+
Es zeigt auf die Schallrichtungsquelle.	–	~	~	+	~
Mit verbundenen Augen erkennt das Kind die Schallrichtungsquelle und kann sie auch lokalisieren (z. B. Spiel: „Topf klopfen", „Blinde Kuh").	–	–	~	+	~
Auditive Aufmerksamkeit					
Das Kind kann seine Konzentration auf das Gehörte lenken.	~	~	+	+	~/+
Es kann zwei gleiche Geräusche aus einer Menge herausfinden.	–	–	~	+	~
Es kann ein Lied mit einfachen Instrumenten (z. B. Triangel, Rassel ...) begleiten.	–	~	~	+	~
Es begleitet eine Geschichte mit dem zeitlich, richtigen Einsatz des Instrumentes (Klanggeschichte).	–	–	~	+	~
Auditive Merkfähigkeit					
Das Kind kann gespeichertes Gehörtes immer wieder abrufen.	~	~	+	+	~/+
Es kann einen Rhythmus nachklatschen.	–	–	~	~	–/~
Es kann Wörter nachsagen.	~	~	+	+	~/+
Es merkt sich Aufträge.	+	+	+	+	+
Es kann eine Geräuschfolge wiedergeben (Serialität).	–	–	~	~	–/~
Es erkennt Instrumente an ihrem Klang.	–	–	~	+	~
Auditive Diskrimination					
Das Kind kann Geräusche, Wörter, Sätze richtig erfassen.	~	~	+	+	~/+
Es kann Laute differenzieren (z. B. Maus – Haus).	–	–	~	+	~
Es erkennt und unterscheidet Tondauer und Rhythmus (z. B.: lang – kurz, laut – leise, hoch – tief).	–	–	~	~	–/~

© Lueger, D.: Beobachtung leicht gemacht, Beltz Verlag, Weinheim und Basel 2005

Kopiervorlage für Förderangebote zur Sprachentwicklung

Datum	Kurzreflexion (+, –, ~)
27. 01. 2004	~

Angebot	Reflexion
Bildkarten mit Symbolen von A bis Z (z.B. Auto, Ball, Clown, Dach, Esel. etc.)	Sebastian erkennt alle Darstellungen von Auto bis Zebra; sein Wortschatz ist altersgemäß vorhanden, er beteiligt sich rege am Angebot. Er atmet durch den Mund ein und aus, artikuliert schlecht und bildet die Laute (g, k, l, r) sowohl am Wortanfang, Mitte und Ende falsch.
Ziel	
Lautüberprüfung	

Datum	Kurzreflexion (+, –, ~)
05. 02. 2004	~

Angebot	Reflexion
Lebensmittel (Honig, Nutella, etc.) von den Lippen und verschiedenen Bestecken lecken	Sebastian ist mit Freude bei der Sache dabei, ihm gefallen die Übungen und er bemüht sich sehr. Hilfe bietet ihm ein Spiegel, wo er sich bei den Übungen beobachten kann. Seine Bewegungen mit der Zunge sind noch verkrampft, er weiß über die Position seiner Zunge nicht hundertprozentig Bescheid und kontrolliert sie im Spiegel.
Ziel	
Zungenübungen, aktives „Spüren" der Zunge und deren Position im Mund	

Datum	Kurzreflexion (+, –, ~)
19. 02. 2004	~

Angebot	Reflexion
Blasübungen mit verschiedenen Materialien (Watte, Papierflieger, Styropor kugeln, etc.)	Sebastian beteiligt sich interessiert an dem Angebot. Er hat noch Probleme, den Luftstrom zu dosieren und zu lenken. Sein Wattebällchen fliegt oft in die falsche Richtung, (weil es sehr leicht ist); die Übung gelingt ihm besser mit einem Papierflieger, der schwerer und damit leichter zu kontrollieren ist.
Ziel	
Dosierung und Lenkung des Luftstroms	

© Lueger, D.: Beobachtung leicht gemacht, Beltz Verlag, Weinheim und Basel 2005

Entwicklungsbereich Motorik

Allgemeine Überlegungen

Bereits bei Säuglingen lässt sich die kindliche Lust an der Bewegung erkennen. Sie greifen nach Gegenständen und stecken sie in den Mund, strampeln mit den Beinen, fuchteln mit den Armen, manchmal aus reiner Freude an der Körpererfahrung, manchmal um sich mitzuteilen. Bewegung gehört zu den grundlegenden Betätigungs- und Ausdrucksformen von Kindern. Objektiv gesehen ist der Begriff der Motorik eine Sammelbezeichnung für alle Bewegungsabläufe menschlicher und tierischer Organismen. Genauer betrachtet ist die Motorik jedoch der Motor zur Erkundung unserer Welt. Sie umfasst alle Steuerungs- und Funktionsprozesse von Haltung und Bewegung, die Kinder zur Erforschung ihrer Umwelt und Entwicklung ihrer Persönlichkeit benötigen. Durch Bewegung erfahren sie sich selbst und ihre Umwelt; durch die Ausdifferenzierung und Koordination von Bewegungsabläufen gewinnen sie zunehmend mehr Selbständigkeit. Damit ist Motorik weit mehr als ein objektiver Vorgang von Ortsveränderungen menschlicher Körpermassen in Raum und Zeit. Sie ist die Grundlage für vielfältige Lernprozesse, für die Ich-Entwicklung und die Selbständigwerdung.

Mit Hilfe des Körpers und der Wahrnehmung lernt das Kind mehr über seine personale und dingliche Umwelt kennen, dieser Prozess wird auch *Sensomotorik* genannt. Körperlich-motorische Vorgänge stehen aber auch mit geistig-seelischen in Zusammenhang. Ein Kind kann vor lauter Freude hüpfen, aus Wut in den Boden stampfen und vieles mehr; es bringt seine seelischen Gehalte wie Stimmungen, Gefühle und Affekte mittels Haltung und Bewegung zum Ausdruck. Die funktionelle Einheit psychischer und motorischer Vorgänge, die enge Verknüpfung des Körperlich-Motorischen mit dem Geistig-Seelischen bezeichnet man als *Psychomotorik*. Im Rahmen psychomotorischer Prozesse, die das Kind alleine oder mit anderen in der Gruppe durchlebt, entwickelt es Eigenständigkeit, Handlungskompetenz und Kommunikationsfähigkeit, je nachdem wie stark die betreffende Bewegungsaufgabe das kindliche Problemlösungsverhalten herausfordert. Über Bewegung bringt das Kind seine Emotionen zum Ausdruck, insofern gibt die Beobachtung der motorischen Aktivitäten auch Aufschluss über seine Befindlichkeit.

Der Verlauf der Motorik steht in Wechselwirkung mit allen Entwicklungsbereichen, sie bilden eine Einheit und bedingen sich gegenseitig, wobei Sprache und Sprechen und vor allem die sozialen Erfahrungen diesen Prozess beeinflussen. Somit ist deutlich erkennbar, dass die Entwicklung der Motorik nicht eindimensional verläuft und für die Gesamtentwicklung von großem Wert ist. Die Abbildung von Krawietz veranschaulicht diesen Zusammenhang.

Bereits mit der Geburt setzt sich ein Kind motorisch mit seiner Umwelt auseinander, wobei aber nur jene Entwicklungsschritte (Meilensteine) möglich sind, die den psychischen und physischen Voraussetzungen entsprechen. D. h. ein Meilenstein der Entwicklung bedingt den anderen, kein Entwicklungsschritt kann übersprungen werden.

Bewegungen, die in den ersten Lebensmonaten noch vom ganzen Körper ausgeführt werden, differenzieren sich immer besser aus,

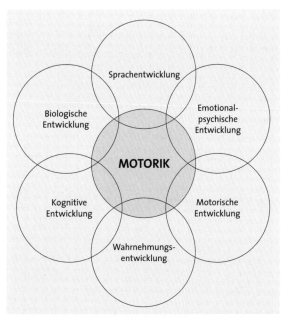

Abb. 1: Motorik in Wechselwirkung mit anderen Entwicklungsbereichen; nach Krawietz u. a., 1998, S. 13

da das Kind zunehmend an gezielteren Einzelbewegungen interessiert ist und diese auch aus eigenem Antrieb immer wieder übt. Beispielsweise kann ein Spielzeug, das über dem Bett hängt, das Kind dazu anregen, die Bewegungen mit seinen Augen zu verfolgen, die Hände danach auszustrecken und es eventuell auch zum Mund zu führen (Hand-Auge-Mundkoordination). Es kommt mit seinem ganzen Körper in Bewegung und erkennt, dass es durch seinen Einsatz in der Lage ist, nach Gegenständen zu greifen, um diese mit dem Mund zu be-greifen.

Es ist erstaunlich, wie schnell ein Kind bereits im ersten Lebensjahr seine Selbständigkeit entwickelt und mobil wird. Aus einem hilflosen Säugling wird ein sich mit seiner Umwelt aktiv auseinandersetzendes Kleinkind, das in dieser kurzen Zeitspanne enorme Kräfte entwickelt hat, um die Welt zu erkunden und sich mit der Schwerkraft auseinander zu setzen. In den ersten zwölf Monaten schafft es ein Kind, seinen Kopf zu heben und zu halten, sich mit Hilfe aufzuziehen und zu stehen, sich hin- und herzurollen, sich auf den Armen abzustützen, sich selbständig vom Kriechen bis hin zum Bärengang fortzubewegen, um letztendlich am Ende des ersten Lebensjahres das Gehen auszuprobieren.

Auch die Eltern sind von den Fortschritten ihres Kindes in den ersten Lebensmonaten verblüfft, denn es lässt sich von seiner Umwelt derart motivieren, dass es pausenlos bei jeder Gelegenheit seiner Experimentier- und Forscherfreude nachkommt. Das Kind entwickelt sich dabei Schritt für Schritt weiter. Bleibt das Erreichen eines Meilensteins aus, so ist dies ein bedenkliches Zeichen und sollte von einem Fachmann/frau abgeklärt werden. Ein Beispiel dafür wäre, wenn ein Kind nach dem fünften Monat noch nicht in der Lage ist, seinen Kopf zu heben und ein bewegtes Spielzeug nicht mit den Augen beziehungsweise mit einer Kopfdrehung verfolgen kann. Weitere zu beobachtende Auffälligkeiten im ersten Lebensjahr wären z. B. starke Spannungszustände der Muskeln, auffällige Bewegungsarmut, völlig unkoordinierte Augenbewegungen des Kindes, wenn ab dem dritten bis fünften Monat neue Bewegungsfreiheiten (Greifen und Halten von Spielzeug, Spielen mit Händen und Füssen...) ausbleiben, der Kopf in der Bauchlage nicht gehoben wird oder das Kind eine asymmetrische Körperhaltung aufweist. Zwischen dem sechsten und neunten Monat zeigt sich eine mögliche Retardierung (Verzögerung, Verlangsamung), wenn das Kind unfähig ist zu greifen, sich im Sitzen nicht abstützen kann, Kopf und Rumpf nicht kontrollieren und kein Gleichgewicht halten kann.

Die grenzenlose Experimentierfreude des Kindes veranlasst es im zweiten Lebensjahr dazu, seine neuen Bewegungsformen (Krabbeln, Kriechen, Gehen...) solange zu erproben und zu trainieren, bis diese Bewegungsmuster ihre Vervollkommnung (von der Grobform zur Feinform) finden und es in der Lage ist, aufrecht zu stehen und zu gehen, um so mit den Händen seine Umwelt zu erkunden und die Welt aus einer anderen Perspektive zu betrachten.

Im Alter vom dritten bis zum sechsten Lebensjahr baut das Kind seine Bewegungsformen immer weiter aus, es beginnt zu laufen, zu hüpfen, meistert Treppen, kann auf einem Bein stehen u. v. m. Es ist grenzenlos motorisch aktiv, wobei es die Balance zwischen Stabilität und Mobilität erlernt und motorische Abläufe auf Gegenstände abstimmt (z. B. Roller fährt), an bestimmte Anforderungen angepasste Bewegungen ausführt (z. B. das Gleichgewicht hält) und sensorische Informationen in den Bewegungsablauf integriert (z. B. die Flugbahn eines Balles abschätzt und dementsprechend darauf reagiert).

Der Verlauf der grobmotorischen Entwicklung

Im Folgenden wird kursorisch dargestellt, wie die grobmotorische und die feinmotorische Entwicklung verlaufen. Die Entwicklung der Grobmotorik findet parallel zur Feinmotorik statt. Der Unterschied liegt einfach gesehen darin, dass sich die Grobmotorik in die allgemeine Körper- und Gliederstärke, die Bewegungskoordination, die Reaktionsschnelligkeit und das allgemeine Reaktionsvermögen untergliedert. Unter dem Begriff der Feinmotorik versteht man die Fingergeschicklichkeit und die Mimik, also die „Feinheiten" im Bezug auf die Körperbewegungen und ihre gezielte Koordination.

Stadium 1. Monat

- Das Neugeborene zeigt das Schreitphänomen, wenn es stehend gehalten wird.
- Liegend befinden sich seine Gliedmaßen (Extremitäten) und der Rumpf in gebeugter Stellung; Streichen über die Fußsohle führt bis zum 11. Monat zur Beugung (plantarer Greifreflex) (vgl. Pschyrembel, 1998, S. 1353).
- In der Bauchlage zeigt das Neugeborene die Beugehaltung, d. h. das Becken berührt nicht die Unterlage, die Knie sind unter den Bauch gezogen, die Oberarme angewinkelt, beziehungsweise bewegen sich in Richtung der Medianebene (durch die Körpermitte verlaufende Symmetrieebene des menschlichen Körpers).

Stadium 2. Monat

- Kind kann nicht stehen und die Füße nicht belasten (so genannte physiologische Astasie; vgl. Pschyrembel, 1998, S. 135).
- Es liegt mit asymmetrischer Haltung von Kopf und Armen.
- Es kann den Kopf in der Bauchlage kurz in Mittellinie bis 45 Grad anheben.

Stadium 3.–5. Monat

- Kind trägt stehend gehalten allmählich sein Körpergewicht.
- Es kann den Kopf beim Hochziehen im Sitz aktiv nach vorne mitnehmen.
- Es kann in der Bauchlage Kopf und Oberkörper von der Unterlage abheben (Abstützen auf beide Unterarme).
- Es fixiert Dinge mit den Augen und verfolgt diese, kann seine Füße bis zum Mund führen (5. Monat).

Stadium 6. Monat

- Kind kann stehend gehalten sein Körpergewicht tragen.
- Es rollt vom Rücken auf den Bauch.
- Es stützt sich auf einen Unterarm und greift mit der anderen Hand nach einem Spielzeug.
- Es hilft mit beim Aufsetzen, Arme zeigen Stützreaktionen nach vorne.

Stadium 7.–8. Monat

- Kind kann sich um die eigene Achse drehen, Rückenlage nur mehr gelegentlich.
- Es stützt sich im Sitzen mit den Armen zur Seite ab.

- Es wippt stehend gehalten in den Knien; trägt sein volles Gewicht; führt Beine vom Körper weg, Fersen sind abgestellt.
- Es robbt auf dem Bauch, kommt in den Vierfüßlerstand.
- Es zieht sich an Möbeln zum Stand hoch.

Stadium 9.–10. Monat

- Kind beginnt auf Händen und Knien zu krabbeln.
- Es sitzt beliebig lange, kann sich mit den Armen nach hinten abstützen.
- Es kommt über Halbkniestand oder Hocke in den Stand (Wechsel zwischen Zehenstand und Stand auf ganzer Sohle).
- Es geht erstmals mit Unterstützung oder indem es sich an Möbeln festhält (verfügt allerdings noch nicht über ein stabiles Gleichgewicht, Beine sind deswegen weit auseinander gespreizt).

Stadium 10.–12. Monat

- Kind bewegt sich auf Händen und Füßen (Bärengang) fort.
- Es geht an einer Hand geführt oder seitwärts an einem Geländer entlang.
- Es dreht sich im Sitzen um die eigene Achse.
- Es rutscht im Sitzen vor und zurück.

Aus dem Drang, den Raum in horizontaler und vertikaler Ebene zu erforschen, ergibt sich die Motivation für die weitere Bewegungsentwicklung. Das Zusammenspiel bestimmter Muskeln und Muskelgruppen geschieht nun fast automatisch und das Kind entwickelt immer mehr Fähigkeiten, sich motorisch zu äußern und etwas zu erreichen.

Die bisherigen Ausführungen bieten Anhaltspunkte dafür, die Haltung von Kopf, Rumpf und Becken (das Achsenorgan) sowie die Art der Bewegung des Kindes zu analysieren und zu bestimmen, aus welcher Phase seiner Entwicklung das Kind bestimmte Entwicklungsrückstände mitbringen kann. Dies wiederum verweist auf den individuellen Förderbedarf eines Kindes.

In den nachfolgenden Abschnitten wird die motorische Entwicklung vom zweiten bis zum sechsten Lebensjahr grob dargestellt, daraus kann entnommen werden, welche Grundbewegungsmuster vorhanden sein sollten.

2.–3. Lebensjahr

- Kind übt und perfektioniert das freie Gehen, vorerst breitbeinig mit nach außen rotierten Beinen.
- Es schafft sich Gleichgewicht mit weit erhobenen, ausgestreckten (abduzierten) Armen.
- Es kann sich hinhocken und wieder aufstehen ohne umzufallen.
- Es geht Treppen hinunter, rollt dabei den Fuß ab, stellt den zweiten dazu (Nachstellschritt) und hält sich am Geländer fest.
- Es springt auf flachen Füßen.

3.–4. Lebensjahr

- Kind läuft und geht frei, wobei die Arme mitschwingen.
- Es meistert das Treppengehen selbständig.

4.–5. Lebensjahr

- Das Kind kann auf einem Bein stehen.
- Es kann seinen Oberkörper während des Gehens nach links und rechts drehen.
- Es hüpft auf beiden Füßen vorwärts.

5.–6. Lebensjahr

- Kind kann schwierigere Bewegungsfolgen ohne Probleme meistern: Hopserlauf, Stehen auf einem Bein rechts und links, federndes Hüpfen auf zwei Beinen, Seilspringen und vieles mehr.

Der Verlauf der feinmotorischen Entwicklung

Stadium 1. Monat

- Kind hält die Hände locker gefaustet (palmarer Greifreflex); streicht man über die Handinnenfläche, so führt dies zu einer Fingerbeugung und Faustschluss (vgl. Pschyrembel, 1998, S. 1353).

Stadium 2. Monat

- Kind hält Gegenstände zufällig mit Einwärtsdrehung des Handtellers und des Daumens (Pronation) (vgl. Pschyrembel, 1998, S. 1296).
- Es breitet seine Arme aus und spreizt die Finger bei lautem Geräusch, Erschütterung der Unterlage oder abruptem Zurückfallenlassen des Kopfes (1. Phase) und führt dann die Arme langsam wieder über der Brust zusammen (2. Phase; Moro-Um-klammerungsreflex, Erschütterungsphänomen) (vgl. Pschyrembel, 1998, S. 1253).

Stadium 3.–4. Monat

- Kind agiert mit groben Greifbewegungen in Rückenlage.
- Es kann ein Spielzeug kurz halten.
- Es spielt ab 10 Wochen mit den Händen (Hand-Hand-Koordination).
- Es nimmt Spielzeug mit 12 Wochen in den Mund (Hand-Mund-Augen-Koordination).
- Es spielt mit den Fingern.
- Es greift nach Gegenständen.

Stadium 5.–6. Monat

- Kind ergreift Gegenstände willentlich.
- Es steckt Spielzeug in den Mund.
- Es greift mit der flachen Hand ohne Daumenbeteiligung (ulnar-palmarer Griff) und fixiertem (proniertem) Unterarm.
- Es kann nicht willentlich loslassen, nur fallen lassen.

Stadium 7.–8. Monat

- Kind übt das Greifen, das differenzierter und präziser wird.
- Es greift eigenhändig und stützt die andere Hand im Sitz ab.
- Es gebraucht Finger isoliert (bohrt zum Beispiel in Öffnungen des Spielzeugs).
- Es gebraucht alle Finger, hält die Hand in Mittelstellung (radial-palmarer Griff).

Stadium 9.–10. Monat

- Kind ergreift kleine Gegenstände, zum Beispiel Holzperlen.
- Es kann zwei Sachen auf einmal in die Hand nehmen.
- Es hält eine Flasche mit Händen und Füßen.
- Es greift mit gestrecktem Zeigefinger und gegenüber gestelltem (opponiertem) Daumen (Pinzettengriff).
- Es kann das Handgelenk drehen.

Stadium 10.–12. Monat

- Kind greift mit gebeugtem Zeigefinger und gegenüber gestelltem (opponiertem) Daumen (Zangengriff) und kann so Gegenstände aus einem Behälter holen und wieder hineinstecken.
- Es kann Gegenstände loslassen anstatt wie vorher fallen lassen.

2.–3. Lebensjahr
- Mit einem Jahr ist das Kind sehr interessiert, seine Essenssituation alleine zu bewältigen, es kann den Löffel eintauchen (Breitgriff) und zum Mund führen
- Es übt den Einsatz des Daumens, kann Bauklötze noch nicht sicher übereinander stellen.

Ab dem 3. Lebensjahr kommt die bevorzugte Hand vermehrt zum Einsatz, z. B. beim An- und Ausziehen gewisser Kleidungsstücke, großflächigem Malen, gestalterischem Spielen mit der Knetmasse, Bausteinen usw. Das Kind experimentiert mit den verschiedenen Möglichkeiten, um den Sinn und den Zweck von Gegenständen zu erkennen und sich Formunterschiede einzuprägen.

Im Alter von fünf Jahren ist die Feinmotorik in ihren Grundzügen ausgereift. So wird beispielsweise auch die Alltagsroutine selbständig bewältigt (An- und Ausziehen, Waschen, etc.). In der Regel übt das Kind aus eigener Motivation an den Feinheiten und differenziert seine Fähigkeiten immer weiter aus.

Die Ausführungen haben gezeigt, dass das Kleinkindalter durch das Erproben und Aneignen verschiedenster Bewegungsformen bestimmt ist. Bekannte Bewegungsmuster werden ständig wiederholt und somit gefestigt und verfeinert, wodurch es sowohl zu qualitativen als auch quantitativen Veränderungen der Motorik im Laufe der Entwicklung kommt. Die Entwicklung verläuft nie eindimensional, vielmehr stehen die unterschiedlichen Entwicklungsbereiche in Wechselwirkung miteinander.

Erläuterungen zu den Beobachtungsbereichen

Situationen zur Beobachtung der motorischen Entwicklung finden sich viele, da sich ein Kind fortlaufend bewegt, agiert, in verschiedenartigste Spiele vertieft ist und dabei Lernerfahrungen macht. Deshalb geht es vor allem darum, das Kind in seinen Bewegungsaktivitäten *genau* zu beobachten, d. h. auf die „Feinheiten" zu achten: Landet das Kind beim Springen sicher auf beiden Beinen oder verliert es das Gleichgewicht? Hat das Kind Freude beim Rutschen oder klammert es sich ängstlich an

die Rutsche? Kann das Kind entlang vorgegebener Linien schneiden oder ist es noch damit beschäftigt, die Bewegungsabläufe im Umgang mit der Schere richtig zu koordinieren? Wenn man sich in Bezug auf das Beherrschen einer Fähigkeit nicht sicher ist, sollte man lieber noch einmal eine kindgemäße Situation schaffen, in der das Kind ohne Beobachtungsdruck seine erworbenen Fähigkeiten demonstrieren kann.

Um eine genaue Beobachtung durchführen zu können, wurde die motorische Entwicklung in Teilbereiche untergliedert. Im *Beobachtungsbogen zum äußeren Erscheinen und motorischen Gesamteindruck* hat die Erzieherin die Möglichkeit, ihre ersten Eindrücke in Bezug auf die Stärken und Schwächen des Kindes zu reflektieren. Das Kind ist bereits mit der Geburt eine kleine Persönlichkeit und mit dem Eintritt in eine Kinderbetreuungseinrichtung psychisch und physisch sowohl positiv als auch negativ geprägt. Aus dem äußeren Erscheinungsbild und dem motorischen Gesamteindruck lassen sich bereits einige Rückschlüsse auf den Entwicklungsstand ziehen: Ist das Kind für sein Alter entsprechend groß, ist es körperlich beeinträchtigt (Missbildungen, Fehlstellungen der Arme und Beine…), macht es einen gepflegten Eindruck oder wird es sichtlich von seinen Erziehungsberechtigten vernachlässigt, wie äußert sich der allgemeine Gesundheitszustand, der mit ärztlichen Befundberichten belegt werden kann, besitzt das Kind ein Körperbewusstsein und wie erlebt es motorisch seine Umwelt? Die Erzieherin kann sich mit den allgemeinen Kriterien des äußeren Erscheinens und des motorischen Gesamteindrucks einen ersten Eindruck verschaffen und dementsprechend Beobachtungsschwerpunkte ins Auge fassen und einleiten.

Mit Hilfe des *Beobachtungsbogens zu den grundlegenden Bewegungsprinzipien und Bewegungsabläufen* wird den verschiedenen Aspekten im Bereich Muskelspannung, Bewegungssicherheit, Gleichgewicht usw. Bedeutung geschenkt. Zum besseren Verständnis sei an dieser Stelle in aller Kürze auf das Kriterium Muskelspannung eingegangen: Das Grundprinzip der Bewegung ist das Zusammenziehen oder Erschlaffen eines oder mehrerer Muskeln (Muskelgruppen). Dabei muss das Zusammenziehen einer Muskelgruppe synchron mit der Erschlaffung der entgegen gerichteten erfolgen. Hierfür ist eine genaue abgestimmte Dosierung des Spannungszustandes (Tonus) eines jeden Muskels die Voraussetzung.

Der *Beobachtungsbogen zur Feinmotorik* widmet sich den „Feinheiten" unserer Bewegungen. Die visumotorische Geschicklichkeit beschreibt jene Fähigkeiten eines Kindes, das Sehen mit den Bewegungen des eigenen Körpers zu koordinieren und über das Sehen die Bewegung zu kontrollieren, z.B. Kettenfädeln: Das Kind bringt die Schnur und die Perle und sich selbst in Bezug zueinander, beide Hände sind dabei im Einsatz, die Herausforderung ist es, das Perlenloch zu treffen und die Perle aufzuschieben bis eine lange Kette entsteht – daher der Begriff visumotorische Geschicklichkeit.

Der *Beobachtungsbogen zur Psychomotorik, Handlungsplanung und Steuerung* erfasst schließlich die Aspekte Gefühle, soziale Kompetenz und Handlungskompetenz rund um die Motorik. Kinder drücken ihre Gefühlslage auch durch ihre Bewegungen aus. Im Wechselspiel zwischen dem Geistig-Seelischen und dem Körperlich-Motorischen in Kombination mit den Wahrnehmungsprozessen bilden die Kinder ihre Persönlichkeit aus und werden handlungsfähig. Die drei Erfahrungsbereiche Körper-, Material- und Sozialerfahrung sollen die Kinder zur Handlungsplanung und -steuerung führen. Dazu gehört, dass sie ihren Körper wahrnehmen, erleben und kennen lernen, mit ihm umgehen können, lernen, sich selbst einzuschätzen und den Körper durch kinästhetische (Empfinden der Bewegung des Körpers mit Hilfe der Tiefensensibilität), taktile und optische Reize repräsentieren (Körperschema). Dazu gehört aber auch die Möglichkeit, dass das Kind seine räumliche und materielle Umwelt erfährt, damit es sich an die Umweltgegebenheiten anpassen, mit diesen umgehen und auch verändern kann. Nicht zuletzt wird durch die Bewegung auch das soziale Handeln der Kinder gefördert, wenn sie mit Hilfe ihres Körpers „kommunizieren", Kontakte zu anderen Kindern aufnehmen, lernen miteinander umzugehen, sich an andere anpassen, aber auch andere inspirieren.

Beobachtungsbogen zum äußeren Erscheinen und motorischen Gesamteindruck

Beobachtungskriterien	Beobachtungsergebnisse ▶
Äußeres Erscheinen	
Körperlicher Entwicklungsstand	
Körperliche Auffälligkeiten	
Gepflegtheit	
Gesundheitszustand und Leistungsfähigkeit	

Beobachtungskriterien	Beobachtungsergebnisse (+, –, ~)				
	1. Quartal	2. Quartal	3. Quartal	4. Quartal	Durchschnitt
Motorischer Gesamteindruck					
Körperbeherrschung Kind besitzt Körpergefühl und -bewusstsein.					
Grobmotorische Bewegungen Kind agiert grazil und harmonisch.					
Feinmotorik Kind verfügt über alle feinmotorischen Fähigkeiten und Fertigkeiten, zum Beispiel kann es einen Stift halten, Verschlüsse öffnen und schließen, sich anziehen und ausziehen und so weiter.					
Körperkoordination Kind verfügt über Grob- und Feinmotorik, einschließlich der Koordinationsfähigkeiten.					
Psychomotorik Kind bewegt sich ausgeglichen, weder überaktiv, noch gehemmt.					

© Lueger, D.: Beobachtung leicht gemacht, Beltz Verlag, Weinheim und Basel 2005

Beobachtungsbogen zu den grundlegenden Bewegungsprinzipien und Bewegungsabläufen

Beobachtungskriterien	Beobachtungsergebnisse (+, −, ~)				
	1. Quartal	2. Quartal	3. Quartal	4. Quartal	Durchschnitt
Muskelspannung					
Kind geht sicher, indem es den Fuß über die Ferse abrollt und mit den Armen mitschwingt, d. h. es verfügt über eine ausgeglichene Muskelspannung, die nicht schlaff, herabgesetzt (hypoton) wirkt und sich auch nicht erhöht (hyperton) äußert.					
Kind läuft, das heißt, es bewegt sich in schneller Schrittfolge zu Fuß fort, kann die dafür notwendigen Muskelgruppen schnell und kontrolliert wechseln und verfügt so über eine sichere Beinarbeit, die eventuell durch Mitschwingen der Arme unterstützt wird.					
Kind springt und federt dabei unter Haltung des Gleichgewichts auf beiden Beinen sicher ab.					
Kind steht sicher mit beiden Fußsohlen auf den Beinen und hält die Wirbelsäule (Achsenorgan) in der Mittellinie.					
Kind kriecht durch gleitendes Fortbewegen auf allen Vieren.					
Kind hält die Körperbalance, wenn es zum Beispiel einer Linie entlang geht, und tariert während des Abrollens der Füße das Gleichgewicht aus.					
Bewegungssicherheit					
Kind geht zügig oder mit Absetzen beider Füße auf jeder Stufe über die Treppe hinauf oder hinunter.					
Kind kann, wenn es dazu aufgefordert wird, das Gleichgewicht während des Gehens auf den rückwärtigen Fuß und danach wieder nach vorne verlagern.					
Kind stellt ein Bein dem anderen nach.					
Bewegungsgleichgewicht					
Kind steht frei, geradlinig, mit beiden Beinen sicher auf dem Boden, ohne zu schwanken.					
Kind geht die Treppe ohne Unterbrechung aufwärts, setzt gezielt einen Fuß vor den anderen und hält das Gleichgewicht.					

© Lueger, D.: Beobachtung leicht gemacht, Beltz Verlag, Weinheim und Basel 2005

Forts. Beobachtungsbogen zu den grundlegenden Bewegungsprinzipien und Bewegungsabläufen

Beobachtungskriterien	Beobachtungsergebnisse (+, –, ~)				
	1. Quartal	2. Quartal	3. Quartal	4. Quartal	Durchschnitt
Kind geht die Treppe sicher ohne Unterbrechung und mit Haltung des Gleichgewichts abwärts.					
Kind bewegt sich sicher auf unebenem Untergrund, zum Beispiel Waldboden.					
Kind kriecht schiefe Ebene (Baumstamm, Holzbank) entlang nach oben.					
Kind fährt gerne und in einem geschmeidigen Bewegungsablauf mit dem Trittroller, balanciert auf Rollbrettern und vielem mehr.					
Bewegungselastizität					
Kind springt federnd auf beiden Beinen unter Haltung des Gleichgewichts sicher und eventuell über größere Distanzen.					
Kind springt unter Einsetzen der Arme (zur Haltung des Gleichgewichts während des Sprungs) und landet sicher auf beiden Beinen.					
Kind springt aus der Hocke oder Halbhocke mit Schwung nehmenden Armen und landet sicher auf dem Boden.					
Kind hüpft mit beiden Beinen gleichzeitig und mit geringem Abstand vom Boden.					
Bewegungskoordination					
Kind springt mit geschlossenen Füßen und Beinen (Schlusssprung).					
Kind springt mit geschlossenen Armen und Beinen so hoch wie möglich (Hochsprung).					
Kind springt so weit als möglich (Weitsprung).					
Kind zieht beim Laufen ein Bein in Richtung Brustkorb an, springt ab und wechselt auf das andere Bein (Hopserlauf).					
Kind springt aus der Hocke mit den Händen nach vorne abstützend weiter wie ein Hase („Häschen hüpf").					

© Lueger, D.: Beobachtung leicht gemacht, Beltz Verlag, Weinheim und Basel 2005

Forts. Beobachtungsbogen zu den grundlegenden Bewegungsprinzipien und Bewegungsabläufen

Beobachtungskriterien	Beobachtungsergebnisse (+, −, ~)				
	1. Quartal	2. Quartal	3. Quartal	4. Quartal	Durchschnitt
Kind grätscht die Beine, breitet die Arme aus und springt im Wechsel zu geschlossenen Armen und Beinen (Hampelmann).					
Kind hüpft auf einem Bein.					
Kind balanciert auf einem Bein.					
Kind rutscht sicher und angstfrei über eine Bank, Rutsche und Ähnliches.					
Kind kann rückwärts laufen und rollt den Fuß vom Ballen über die Ferse ab, koordiniert dabei mit dem Blick nach hinten.					
Bewegungsschnelligkeit					
Kind läuft und koordiniert seinen Körper mit der selbstgewählten oder von der Erzieherin vorgegebenen Geschwindigkeit.					
Bewegungskräfte					
Kind zieht sich an verschieden Gegenständen (Sprossenwand, Ast...) hoch.					
Kind klettert (Sprossenwand, in der Natur).					
Kind hangelt (entlang von Strickleitern, Hand-Auge-Koordination).					
Reaktionsfähigkeit					
Kind kann auf Zuruf Bewegung stoppen.					
Kind wirft und fängt einen Ball.					
Kind reagiert bei Gemeinschaftsspielen den Spielregeln und im Sinne der Schnelligkeit angemessen (zum Beispiel: „Stuhljagd": ein Stuhl wird im Sitzkreis immer weniger, ein Kind scheidet nach dem Verstummen der Musik aus, wenn es zu langsam reagiert hat und keinen Sitzplatz ersteht).					
Bewegungsabläufe im Freien					
Kind fährt mit dem Roller (koordiniert Beinarbeit um den Roller zum Fahren zu bringen, lenkt gleichzeitig, kann stehen bleiben, Hindernissen ausweichen).					
Kind fährt Rad (hält das Gleichgewicht, koordiniert den gesamten Bewegungsablauf, bremst, weicht aus, bleibt stehen).					

© Lueger, D.: Beobachtung leicht gemacht, Beltz Verlag, Weinheim und Basel 2005

Forts. Beobachtungsbogen zu den grundlegenden Bewegungsprinzipien und Bewegungsabläufen

Beobachtungskriterien	Beobachtungsergebnisse (+, −, ~)				
	1. Quartal	2. Quartal	3. Quartal	4. Quartal	Durchschnitt
Kind fährt Schlitten, Bob (bringt seine gesamten motorischen Fähigkeiten und Fertigkeiten zum Einsatz, um eine Abfahrt zu meistern).					
Unterschiede zwischen Bewegungen des Kindes in der Natur und im Turnraum					
Welche Fortbewegungsgeräte werden vom Kind bevorzugt?					

© Lueger, D.: Beobachtung leicht gemacht, Beltz Verlag, Weinheim und Basel 2005

Beobachtungsbogen zur Feinmotorik

Beobachtungskriterien	Beobachtungsergebnisse (+, –, ~)				
	1. Quartal	2. Quartal	3. Quartal	4. Quartal	Durchschnitt
Allgemeine Geschicklichkeit im Spiel- und Arbeitsverhalten					
Kind ist sicher in der Besteckführung, das heißt es verwendet Löffel, Gabel und eventuell auch das Messer sicher mit einem nach außen gedrehten (supinierten) Fingergriff.					
Kind trinkt aus einem Glas (sicher mit einer Hand oder mit beiden Händen).					
Kind kann sich selbst einschenken (Drehung des Handgelenkes möglich).					
Kind trägt eine volle Tasse (mit einer oder beiden Händen).					
Kind erledigt den Tischdienst (deckt den Tisch mit Tellern und Gläsern).					
Kind ist in der Lage zu würfeln, weil es das Handgelenk drehen kann.					
Kind macht bei Fingerspielen mit und kann dabei das Handgelenk drehen, Finger einzeln in Kombination mit der Sprache verwenden.					
Hand-Finger-Geschicklichkeit					
Kind hält den Bleistift in der linken oder rechten Hand.					
Kind hält das Schreibgerät mit der ganzen Hand umschlossen, wobei die Hand einwärts gedreht ist, sodass der Daumen nach unten zeigt (pronierter Quergriff).					
Kind kritzelt unkoordiniert.					
Kind zieht kreisförmige Linien.					
Kind zeichnet sicher Kreise.					
Kind erschafft erstmals einen Menschen oder eine Figur in Form eines Kopffüßlers (der gesamte Körper wird durch einen einzigen Kreis zum Ausdruck gebracht, aus dem Arme und Beine entspringen).					
Kind bringt Strichmännchen zu Papier (die einzelnen Körperteile werden durch Striche ersetzt, wobei aber ein gewisses Körperschema schon vorhanden ist).					
Kind verfügt über eine Vorstellung von Körper und Proportionen (vollständiger Körper mit Einzelheiten, wie zum Beispiel Hals, Hände mit fünf Fingern usw.).					

© Lueger, D.: Beobachtung leicht gemacht, Beltz Verlag, Weinheim und Basel 2005

Forts. Beobachtungsbogen zur Feinmotorik

Beobachtungskriterien	Beobachtungsergebnisse (+, –, ~)				
	1. Quartal	2. Quartal	3. Quartal	4. Quartal	Durchschnitt
Umgang mit dem Pinsel und Farbe					
Pinselhaltung					
– Kind hält den Pinsel mit der ganzen Hand umschlossen, einwärtsgedreht, wobei der Daumen nach unten zeigt (pronierter Griff).					
– Kind hält den Pinsel nach außen gedreht (supinierter Fingergriff).					
– Kind malt koordiniert (in flüssigen Bewegungen).					
– Kind hat keine Abneigung vor taktilen Erfahrungen mit der Farbe.					
Visumotorische Geschicklichkeit					
Das Kind verwendet Werkzeuge für seine Tätigkeiten (Hammer, Schraubenzieher und Ähnliches).					
Kind geht mit der Schere um (links, rechts, Sicherheit).					
Kind benutzt Klebstoffe (Dosierung, Kraftaufwand, Koordination von Hand und Auge).					
Kind schneidet aus (entlang der vorgegebenen Linien).					
Kind fädelt (Pinzettengriff, Hand-Auge-Koordination).					
Kind beschäftigt sich mit Steckspielen (Zangengriff, Hand-Auge-Koordination).					
Kind setzt sich auseinander mit Falten, Flechten, Sticken (komplexere Aktivitäten).					
Feinmotorische Koordination					
Kind öffnet und schließt Knöpfe.					
Kind kann Reißverschluss einhängen, öffnen und schließen.					
Kind ist in der Lage, Wasser umzufüllen (Schüttspiele).					

© Lueger, D.: Beobachtung leicht gemacht, Beltz Verlag, Weinheim und Basel 2005

Forts. Beobachtungsbogen zur Feinmotorik

Beobachtungskriterien	Beobachtungsergebnisse (+, –, ~)				
	1. Quartal	2. Quartal	3. Quartal	4. Quartal	Durchschnitt
Anziehen und Ausziehen – Kind bindet Schuhe zu.					
– Kind zieht Kleidungsstücke an.					
– Kind zieht Kleidungsstücke aus.					
– Kind kann Schuhbänder öffnen.					
Händewaschen – Kind wäscht sich selbständig mit Seife.					
– Kind verwendet ein Handtuch aus eigener Initiative.					

© Lueger, D.: Beobachtung leicht gemacht, Beltz Verlag, Weinheim und Basel 2005

Beobachtungsbogen zu Psychomotorik, Handlungsplanung und Steuerung

Beobachtungskriterien	Beobachtungsergebnisse (+, –, ~)				
	1. Quartal	2. Quartal	3. Quartal	4. Quartal	Durchschnitt
Soziale Kompetenz: Das Kind kann Grundregeln einhalten, sich in eine Gruppe eingliedern (soziales Verhalten), zeigt in Problemsituationen ein gewisses Maß an Konfliktlösungskompetenz und kann auch Verantwortung übernehmen.					
Eigenaktivität des Kindes: Das Kind agiert aus eigenem Antrieb heraus, entwickelt im Spiel Fantasie und Kreativität, oder: es hält sich in gewissen Situationen zurück und ist unsicher.					
Das Kind ist in der Lage, sich nach anspruchsvollen Aktivitäten wieder selbst zu regulieren, zu entspannen, um so zur Alltagsroutine überzugehen.					

Das Kind reagiert nach körperlicher Anstrengung folgendermaßen:

Beobachtungskriterien	Beobachtungsergebnisse (+, –, ~)				
	1. Quartal	2. Quartal	3. Quartal	4. Quartal	Durchschnitt
Körperschema					
Kind verfügt über einen Körperbegriff, es kann die genannten Körperteile zeigen.					
Es kann die Körperteile zeigen und auch benennen.					
Es ahmt Bewegungen nach.					

© Lueger, D.: Beobachtung leicht gemacht, Beltz Verlag, Weinheim und Basel 2005

Forts. Beobachtungsbogen zu Psychomotorik, Handlungsplanung und Steuerung

Motorische Überaktivität des Kindes (in welchen Situationen – kurze Beschreibung)
Motorische Gehemmtheit des Kindes (in welchen Situationen – kurze Beschreibung)

© Lueger, D.: Beobachtung leicht gemacht, Beltz Verlag, Weinheim und Basel 2005

Pädagogische Überlegungen

Die Bewegungserziehung und -förderung ist ein unentbehrlicher Bereich ganzheitlicher Elementarerziehung und für eine gesunde Entwicklung des Kindes unerlässlich. Die Erzieherinnen sollten es sich zum Ziel machen, den Kindern die vielfältigsten Formen und Facetten von Bewegungsaktivitäten in spielerischer Form anzubieten, um sie sowohl bei ihrer motorischen Entwicklung als auch bei der Entwicklung des Körperbewusstseins zu unterstützen. Um allen Anforderungen gerecht zu werden, haben die Erzieherinnen folgende Aufgaben:

- Bewegungsangeboten im pädagogischen Tagesangebot einen festen Platz einzuräumen.
- Unterstützung des Kindes in seiner Psychomotorik (Einfluss auf das Selbstbild, Eigenmotivation, Umweltbezug).
- Möglichkeiten schaffen, so dass Kinder ihre Bewegungsspiele jederzeit frei gestalten und ihre elementaren Bewegungsbedürfnisse befriedigen können.
- Bereitstellen einer vorbereiteten Umgebung, die Kinder nach Belieben nutzen können; Ziel ist es, auf diese Weise die Bewegungsfreude, Neugierde und Aktivitätsbereitschaft zu erhalten.
- Gestalten strukturierter und angeleiteter Bewegungsstunden, die Kindern die Möglichkeit geben, ihre Grenzen zu erleben und diese auch zu erweitern sowie Anerkennung für ihre Leistungen zu erfahren.
- Möglichkeiten schaffen, damit die Kinder die Freude an einem Zusammenspiel in der Gruppe erleben und sich so soziale Kompetenzen aneignen können.

Zur feinmotorischen Förderung

Ein Kind spielt bereits ab zehn Wochen mit seinen Händen und kann diese alsbald mit seinem Blick koordinieren, um Gegenstände festzuhalten und in weiterer Folge auch nach ihnen zu greifen. Es verbessert seine Feinmotorik immer mehr und zeigt sein Geschick im täglichen Spiel- und Arbeitsverhalten, wenn es z. B. das Besteck zum Essen verwendet, aus einem Glas trinkt usw. Die Eigenmotivation ist der Antriebsmotor, das Kind will die Aufgaben und Probleme eigenständig lösen und dafür auch eigene Strategien entwickeln. Kindern sollten nicht alle Aufgaben abgenommen werden, sie können gewisse Dinge bereits sehr gut selbst erledigen, die Aufgabe der Erzieherin ist es, die dafür notwendigen Materialien zur Verfügung zu stellen, damit das Kind spielerisch seine Umwelt erkunden kann. Ein Beispiel wären verschieden große Wasserkrüge und Gläser mit Trichtern verschiedenster Art zum Erproben des Einfüllens und Ausleerens, so genannte Schüttspiele. Hier muss das Kind in der Lage sein zu koordinieren, das Gewicht auszugleichen, wenn sich das Wasser verlagert.

Vom motorischen Ablauf her ist die Drehung des Handgelenks ein wichtiger „Meilenstein". Ist die Drehung des Handgelenks ausgereift, so wird auch die Hand- und Fingergeschicklichkeit präziser, Stifte werden sicherer verwendet, das Kind teilt sich auf der Bildebene mit, es hat eine Vorstellung des eigenen Körpers und zeichnet erstmals Kopffüßler (Kopf und Rumpf sind eine Einheit, aus dem Arme und Beine entspringen). Bietet die Erzieherin Materialien zum Erproben (Farben, Pinsel, Ölkreiden, Straßenkreiden ...) an, so wird das Kind diese mit 100 % Sicherheit auch verwenden und damit experimentieren. Aussagekräftige Kunstwerke sollten gesammelt und danach befragt werden: Was teilt das Kind uns mit? Bedrückt es etwas? Möchte es auf der Bildebene belastende Ereignisse verarbeiten?, etc. Zeichnungen können der Spiegel der Seele sein.

Kopiervorlage für Förderangebote zur motorischen Entwicklung

Datum	Kurzreflexion (+, –, ~)
Angebot	**Reflexion**
Ziel	

Datum	Kurzreflexion (+, –, ~)
Angebot	**Reflexion**
Ziel	

Datum	Kurzreflexion (+, –, ~)
Angebot	**Reflexion**
Ziel	

© Lueger, D.: Beobachtung leicht gemacht, Beltz Verlag, Weinheim und Basel 2005

Entwicklungsbereich Wahrnehmung

Allgemeine Überlegungen

Die Wahrnehmung ist Grundlage unserer Erkenntnis. Wir nehmen Reize aus unserer Umgebung sowie körpereigene Reize wahr, verarbeiten sie und verleihen damit den Dingen, Situationen und Erfahrungen Bedeutung. Das gilt bereits für das neugeborene Kind: Über die Wahrnehmung macht es seine ersten Erfahrungen mit sich selbst und der Welt. Sie ist die Voraussetzung dafür, dass sich das Kind zunehmend in seiner Umwelt orientieren, sie verstehen und gestalten kann. Insofern ist es wichtig, den kindlichen Wahrnehmungsprozessen besondere Aufmerksamkeit zu schenken, sie zu beobachten und sie entsprechend zu fördern und zu unterstützen.

Bei der Wahrnehmung wird die Außenwelt nicht einfach abgebildet, vielmehr werden Reize ausgewählt, strukturiert, bewertet und mit bisherigen Erfahrungen verglichen. Erst daraus ergibt sich z. B. ein visueller oder akustischer Eindruck. Das heißt, Wahrnehmungen sind immer subjektiv, es kann nie ein objektives Abbild der Wirklichkeit geben.

An der Wahrnehmung sind die Sinnesorgane, der Körper, die Gefühle, das Denken und die Erinnerung beteiligt. Wir haben es also mit einem sehr komplexen Verarbeitungsprozess zu tun, der alle Mechanismen zur Verarbeitung von Reizen umfasst, einschließlich der verschiedenen Speichersysteme und der Wiedererkennungsleistungen. Allen menschlichen Sinneseindrücken liegt die Wahrnehmung zugrunde und ihre Verarbeitung steuert gleichermaßen das gesamte menschliche Verhalten. Diesen Zusammenhang veranschaulicht Abb. 2: Körpererfahrung, Bewegung, Handlungs- und Denkprozesse (Kognition), zwischenmenschliche Kontakte und Verständigung (Sozialerfahrung und Sprache) in Kombination mit den Gefühlen stehen alle in einem unmittelbaren Zusammenhang.

Während wir Erwachsene über ein differenziertes Wahrnehmungssystem verfügen, das uns in die Lage versetzt, Informationen aus der Umwelt und aus dem eigenen Körper aufzunehmen und zu verarbeiten, ist diese Fähigkeit bei Kindern, je nach Alter, weniger gut entwickelt. So fehlt z. B. zumindest im

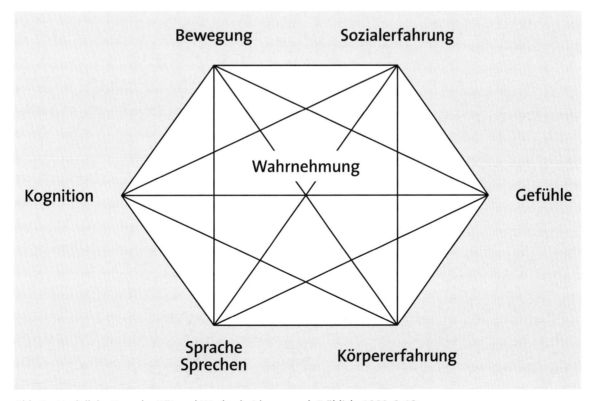

Abb. 2: Modell der Komplexität und Wechselwirkung; nach Fröhlich, 1999, S. 13

ersten Lebensjahr noch ein Teil der anatomischen und physiologischen Voraussetzungen für bestimmte Wahrnehmungsleistungen. Allerdings sind nach der Geburt einfache Wahrnehmungsfähigkeiten feststellbar (z. B. Schall, Helligkeit, Körperreize). Die Wahrnehmung unterliegt ständigen Veränderungen und Vervollkommnungen durch Erfahrungs- und Lerneinflüsse. Das Kind begreift in den ersten Lebensjahren durch das handelnde Umgehen mit konkreten Gegenständen der Umwelt (z. B. es nimmt ein Spielzeugauto in die Hand und in den Mund, um es zu erkunden). Später reicht dafür auch das bloße Sehen oder Hören aus, um etwas zu erkennen, sich ein Bild zu machen (z. B. genügt es dem Kind, das Auto zu sehen, um es zu erfassen). In weiterer Folge wird dies durch das symbolische Denken ergänzt und schließlich abgelöst, das Kind ist in der Lage, feststehende Begriffe zu bilden, d. h. es hat eine innere Vorstellung vom Gesprochenen, ohne es sehen zu müssen (z. B.

das Wort „Auto" genügt für eine innere Repräsentation).

Das Wahrnehmungssystem ist gleichzeitig auch unser Sinnessystem, d. h. unsere Augen, Ohren, die Nase, der Mund und die Haut liefern uns Informationen über unsere Umwelt, die wir wahrnehmen, verarbeiten und darauf reagieren. Alle Lebewesen haben ein System entwickelt, das zur Aufnahme von Informationen dient. Für manche Informationen fehlt uns Menschen die feine Wahrnehmungsfähigkeit, über die andere Arten verfügen, wir können nicht so gut sehen wie ein Adler und anders als Fledermäuse keinen Ultraschall hören, jedoch verfügen wir über komplexe Sinnesorgane und neurale Mechanismen, die es uns gestatten, ein breiteres Spektrum komplexer Sinnesreize aufzunehmen als jedes andere Lebewesen. Jeder Sinn und sein dazugehöriges Organ kann über einen Reiz mit Hilfe von Rezeptoren Empfindungen wahrnehmen, wie Tabelle 1 veranschaulicht.

Sinne	Reiz	Sinnesorgan	Empfindung
Sehen	Lichtwellen	Auge	Farben, Muster, Texturen
Hören	Schallwellen	Ohr	Geräusche, Töne
Empfindungen der Haut	Äußerer Kontakt	Haut	Berührung, Schmerz, Wärme, Kälte
Geruch	Geruchstragende Substanzen	Nase	Düfte
Geschmack	Lösliche Substanzen	Zunge	Geschmacksempfindungen
Körperbewegung	Mechanische Energie	Muskeln, Gelenke, Sehnen	Orientierung im Raum, Bewegung, Druck, Schmerz
Gleichgewicht	Mechanische Kraft und Schwerkraft	Innenohr	Bewegung im Raum, „Zug" der Schwerkraft

Tab. 1: Die menschlichen Sinne aus: Zimbardo Psychologie, 1995, 6. Auflage, S. 165

Die visuelle Wahrnehmung

Das Auge – unser wichtigstes Sinnesorgan – ist ein optisches Präzisionswerkzeug, mit dem wir Entfernungen wahrnehmen, Gegenstände und Vorgänge in unserer Umgebung erkennen, uns an Lichtverhältnisse anpassen, Formen und Muster erkennen und Farben unterscheiden. Das visuelle System hat für die Entwicklung eines Kindes eine sehr große Bedeutung. Allein 60 % aller äußeren Sinneswahrnehmungen gehen über die Augen ein, 50 % aller Nervenfasern, die ins Gehirn führen, gehen vom Auge aus. Mit dem Auge nehmen wir optische Eindrücke wahr, während die Interpretation im Gehirn erfolgt. Visuelle Wahrnehmung bezeichnet demnach die Fähigkeit, visuelle Reize zu erkennen, zu unterscheiden und sie durch die Assoziation mit früheren Erfahrungen zu interpretieren.

Wie unser Auge funktioniert

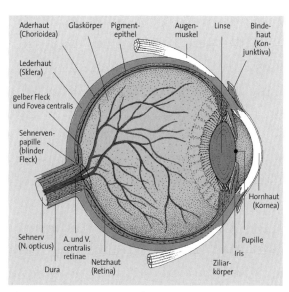

Abb. 3: Querschnitt Auge (Quelle: Huch/Bauer, Mensch – Körper – Krankheit, 4. Auflage 2003, © Elsevier GmbH, Urban & Fischer Verlag München)

Das Auge funktioniert ähnlich wie eine Kamera, denn ins Auge gelangen die Lichtstrahlen durch die Pupille und die Linse, welche die Lichtstrahlen bündelt und zu einem klaren Abbild der Umgebung auf der Netzhaut (die sich an der Rückwand des Auges befindet) führt. Die Netzhaut ist eine Schicht aus überaus feinen lichtempfindlichen Rezeptoren und dünnen Nervenzellen, die den Lichteindruck ins Gehirn weiterleiten. Die Photorezeptoren reagieren auf das Licht und schicken Signale

über die dünnen Nervenfasern zum Sehnerv, der von der Rückwand des Auges in das Gehirn führt. Bestimmte Teile des Gehirns empfangen und verarbeiten die Signale und man empfindet – „sieht" – nun das Bild.

Der Entwicklungsverlauf der visuellen Wahrnehmung

Im Folgenden werden die Meilensteine der Entwicklung der visuellen Wahrnehmung beschrieben, wobei für die jeweiligen Altersstufen diejenigen Fähigkeiten benannt werden, über die ein Kind in der Regel im Bereich des Sehens verfügen sollte. Die ersten Wochen nach der Geburt werden durch das Riechen, die taktile Wahrnehmung über den Körperkontakt und Eigenbewegung geprägt. Dabei trägt auch die visuelle Kommunikation bereits im Alter von drei Monaten einen wichtigen Teil zur frühen Interaktion bei.

1. Monat
- Für das Kind sind Schwarz-Weiß-Kontraste und Streifenmuster von besonderem Interesse.
- Es dreht seinen Kopf und die Augen waagrecht (horizontal) in die Richtung einer Lichtquelle.

2. Monat
- Ab der sechsten Woche lacht das Kind Menschen an, nimmt den Augenkontakt auf und kann zwischen Mutter und fremder Person unterscheiden.
- Es hat eine verbesserte Aufmerksamkeit für bewegte Objekte, senkrechte (vertikale) Folgebewegungen.

3.–4. Monat
- Das Kind folgt dem Gegenstand mit den Augen in einem Winkel von über 180 Grad.
- Das Sehen ist bedeutsam für das Greifen: Das Kind „greift" zuerst mit den Augen, stellt so Beziehung zwischen einem Gegenstand und seinem Körper her. Ab der zehnten Woche reagiert es auf Dreidimensionalität.
- Das Kind strebt danach, das Gesicht der Mutter bei der Nahrungssituation (Brust) anzuschauen, hält inne, wenn ihm dies gelungen ist und saugt dann (vielleicht vor Aufregung) doppelt so schnell weiter.

5. Monat

- Das Kind kann auch auf Entfernung gut und scharf sehen (Akkommodation = trotz Entfernung Fähigkeit des Auges, eine scharfe Abbildung auf der Netzhaut zu schaffen) mit gemeinsamen Augenbewegungen (Konvergenz), d. h. beide Augen schauen in die gleiche Richtung. Dies gelingt fast so gut wie bei einem Erwachsenen. Das Kind zeigt mehr Interesse an Gesichtern (vgl. Pschyrembel, 1998, S. 30).
- Es folgt einem Gegenstand in einem Winkel von mehr als 180 Grad.
- Es fixiert Gegenstände, versucht zu greifen (Auge-Hand-Koordination).

6. Monat

- Kind schaut Gegenständen und Personen nach.
- Es beobachtet fallende Gegenstände.

7. Monat

- Das Kind schaut Personen und Gegenstände genau an, es betrachtet Objekte in der Hand.
- Mit den erfassten Objekten werden Geräusche durch Klopfen erzeugt.
- Es ahmt bekannte Bewegungen nach, beachtet aber noch keine Teilbewegungen.

8. Monat

- Das Kind zeigt Interesse am Fernraum unter optischer Führung.
- Es ist interessiert an Mittel-Zweck-Bewegungen, z. B. die Masche öffnet sich, wenn an der Schnur gezogen wird.
- Es findet einen Gegenstand wieder unter zunehmend schwierigen Bedingungen, selbst wenn es ihn nicht sehen kann (Objektpermanenz).

9. und 10. Monat

- Das Kind hat Interesse an Bildern und an versteckten Dingen, es greift nach kleinen Dingen mit dem Pinzettengriff.
- Es beherrscht Lösungen für Problemsituationen, z. B. wenn es ein Hindernis sieht, wird es beseitigt (z. B. Polster).

11. und 12. Monat

- Das Kind entwickelt seine Raumwahrnehmung weiter, es ahmt gesehene Vorgänge nach, spielt Verstecken.

- Neue Gegenstände werden erforscht: vorerst visuell-taktil am Boden, danach in der Brusthöhe mit beiden Händen.

Im Alter von 1 und 2 Jahren

- Kind baut anfänglich noch kleinen Turm, schaut Bilderbücher an.
- Es lernt mittels des Sehens als Antrieb das Laufen.
- Es malt Linien nach.
- Es erkennt Leute auf einem Foto und sich selbst im Spiegel.
- Es erkennt Nachbarn und Besuch.

Im Alter von 3 Jahren

- Das Kind zeichnet vorgegebenen Kreis frei nach.
- Es erkennt Farben.
- Es benutzt die Schere.
- Es erkennt seine Kleidung.
- Es findet zwei versteckte Dinge.
- Es erkennt Orte wieder.

Im Alter von 4 Jahren

- Kind kopiert ein Kreuz.
- Es malt einen Kopffüßler (der Kopf ist gleichzeitig der Rumpf aus dem Arme und Beine entspringen).

Im Alter von 5 Jahren

- Das Kind gestaltet erkennbare Zeichnungen und kopiert ein abstraktes Dreieck. (Nach Lea Hyvärinen und A. Fröhlich)

Erläuterungen zu den Beobachtungsbereichen

Die visuelle Wahrnehmung lässt sich nach verschiedenen Kriterien beobachten. Marianne Frostig unterscheidet in ihrem „Übungs- und Beobachtungsplan zur Förderung der visuellen Wahrnehmung" fünf Bereiche der visuellen Wahrnehmung, die für die Lernfähigkeit von Kindern von besonderer Bedeutung sind:

- Visumotorische Koordination: Das Sehen wird mit den Bewegungen des Körpers oder Teilen des Körpers koordiniert (z. B. Hand-Auge-Koordination beim Fangen und Werfen eines Balles).
- Figur-Grund-Wahrnehmung: Das Augenmerk wird auf den wichtigsten Reiz aus einer Vielfalt an Sinneseindrücken gelegt

(z. B. das Kind spielt mit einem Gegenstand, ohne sich vom Umfeld ablenken zu lassen). Figuren werden als etwas Gegenstandsartiges gesehen. „Grund" bezieht sich auf den Hintergrund, von dem die Figuren sich abheben.

- Wahrnehmungskonstanz: Wahrnehmen von Größe, Form und Farbe eines Gegenstandes trotz unterschiedlichen Netzhautbildes. So können wir
  - „... die Größe von Gegenständen und Personen trotz unterschiedlicher Entfernung, d. h. trotz verschieden großer Bilder auf der Netzhaut richtig einschätzen;
  - Farben bei verschiedenen Lichtverhältnissen erkennen;
  - Gestalten in jeder Lage oder Drehung, aus jedem Blickwinkel und jeder Entfernung identifizieren." (Schenk-Danzinger, 1990, S. 173).

- Wahrnehmen der Raumlage: Dies ist die Wahrnehmung der Raum-Lage-Beziehung eines Gegenstandes zum Wahrnehmenden. Unterscheiden/wahrnehmen können wir zwischen innen, außen, oben, unten, davor, dahinter, links oder rechts (z. B. der Ball liegt unter dem Auto).

- Wahrnehmung räumlicher Beziehungen: Zwei oder mehrere Gegenstände können vom Kind zu sich selbst und in Bezug zueinander wahrgenommen werden (z. B. Perlenfädeln: Das Kind bringt die Perlen in Bezug zur Schnur, indem es sie auffädelt, und zu sich selbst, indem es den Vorgang steuert).

Beobachtungsbogen zur visuellen Wahrnehmung

Die nachfolgenden Punkte richten sich nach dem „Übungs- und Beobachtungsplan zur Förderung der visuellen Wahrnehmung" nach Marianne Frostig (Entwicklungsbereiche der visuellen Wahrnehmung).

Beobachtungskriterien	Beobachtungsergebnisse (+, –, ~)				
	1. Quartal	2. Quartal	3. Quartal	4. Quartal	Durchschnitt
Visumotorische Koordination					
Das Kind ergreift seine eigenen Hände und führt diese zum Gesicht, es spürt sich selbst und erfasst seine Hände auch mit den Augen (sensomotorischer Kreisprozess).					
Es bemüht sich, einen Gegenstand, der sich vor seinem Gesichtsfeld hin- und herbewegt, mit den Augen zu verfolgen und später mit den Händen zu ergreifen.					
Es kann z.B. einen Ball mit beiden Händen werfen und wieder fangen.					
Es verfolgt eine Kugel auf der Murmelbahn mit den Augen und schiebt sie mit einem Finger vor sich her.					
Figur-Grund-Wahrnehmung					
Das Kind konzentriert sich auf den wichtigsten visuellen Reiz.					
Es spielt mit einem Gegenstand, ohne sich vom Umfeld ablenken zu lassen, es kann umliegende visuelle Reize „wegfiltern".					
Es sucht gezielt Dinge aus einer Schale Reis, Bohnen oder Erbsen.					
Es kann ein grünes Sandsäckchen auf der grünen Matte erkennen und aufheben.					
Aus einer Kiste mit verschiedenen Formen verschiedener Farben kann es gezielt z.B. nur die Kugeln herausgeben.					
Wahrnehmungskonstanz					
Das Kind kann bestimmte Eigenschaften eines Gegenstandes wahrnehmen (z.B. Ball, Puppe, Auto). Es erkennt die					
– Form,					
– Lage,					
– Größe,					
– Helligkeit,					
– Farbe.					

© Lueger, D.: Beobachtung leicht gemacht, Beltz Verlag, Weinheim und Basel 2005

Forts. Beobachtungsbogen zur visuellen Wahrnehmung

Beobachtungskriterien	Beobachtungsergebnisse (+, –, ~)				
	1. Quartal	2. Quartal	3. Quartal	4. Quartal	Durchschnitt
Das Kind – erkennt Farben,					
– benennt sie,					
– ordnet sie zu.					
Das Kind – erkennt Formen,					
– benennt sie,					
– ordnet sie zu.					
Wahrnehmung der Raumlage					
Das Kind kann sich in Räumen orientieren.					
Es versteht Raum-Lage-Beziehungen (innen, außen, unten, davor, dahinter, links, rechts).					
Es kann mit seinem Blick zwischen zwei Objekten hin und herpendeln.					
Wahrnehmung räumlicher Beziehungen					
Das Kind besitzt die Fähigkeit, die Lage von zwei oder mehreren Gegenständen in Bezug zu sich selbst und in Bezug zueinander wahrzunehmen. Es kann folgende Aufgaben bewältigen: Das Kind kann Ketten fädeln.					
Es beschäftigt sich mit Steckspielen.					
Es setzt Puzzles zusammen.					
Es kann zwei Bilder voneinander unterscheiden.					
Es baut einfache Muster nach.					

© Lueger, D.: Beobachtung leicht gemacht, Beltz Verlag, Weinheim und Basel 2005

Die auditive Wahrnehmung

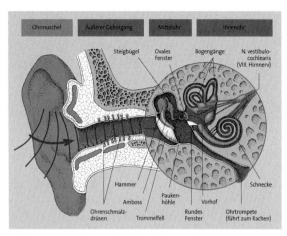

Abb. 4: Querschnitt Ohr (Quelle: Huch/Bauer, Mensch – Körper – Krankheit, 4. Auflage 2003, © Elsevier GmbH, Urban & Fischer Verlag München)

Unser Ohr (lat.: Auris, gr.: Otos) ist das Sinnesorgan, mit dem wir akustische Reize wie Töne, Klänge und Geräusche wahrnehmen. Darüber hinaus steuert es das Gleichgewicht. Die Verarbeitung der aufgenommenen Reize findet im Gehirn statt. Ein Neugeborenes nimmt zwar die akustischen Reize auf, kann aber damit zunächst nichts anfangen, da es deren Bedeutung noch nicht erfasst hat. Die auditive Wahrnehmung setzt demnach die Fähigkeit voraus, akustische Reize zu verarbeiten, sie in Beziehung zu setzen und mit vorausgegangenen Hörerfahrungen zusammenzubringen.

Wie das Ohr funktioniert

Das Ohr ist in drei Abschnitte unterteilt: das äußere, das mittlere und das innere Ohr. Sichtbar ist nur das *äußere Ohr*, das sich aus der Ohrmuschel, dem Gehörgang und dem Ohrläppchen zusammensetzt, die akustischen Signale unserer Umgebung auffängt und an den inneren, verborgenen Teil des Ohres weiterleitet.

Den Übergang zum *Mittelohr* bildet eine empfindliche, elastische Membran, das so genannte Trommelfell. Dessen Funktion ist die Schallübertragung zu den drei miteinander verbundenen Gehörknöchelchen „Hammer", „Amboss" und „Steigbügel", die sich im Mittelohr befinden. Das Mittelohr ist zusätzlich noch mit dem Rachenraum verbunden und dient dem Druckausgleich zwischen Ohren, Nase und Außenwelt. Diese Verbindung

nennt sich nach seinem Entdecker, dem italienischen Arzt und Anatom Bartolomeo Eustachio (1520–1574), „Eustachische Röhre".

Der „Steigbügel" schließt das Mittelohr gegenüber dem *Innenohr* ab und ist mit seiner Fußplatte beweglich in die Öffnung des an dieser Stelle liegenden Schädelknochen (Felsenbein) eingebettet. Das Innenohr enthält in den Bogengängen das Gleichgewichtsorgan und die Schnecke. Diese ist das eigentliche Hörorgan, besteht aus drei übereinander liegenden gebogenen Kanälen und ist mit einer nicht zusammendrückbaren Flüssigkeit gefüllt. Über dem Hör- und Gleichgewichtsnerv sind die Sinneszellen (Haarzellen) der Schnecke direkt mit denjenigen Gehirnarealen verbunden, die für die Verarbeitung der akustischen Signale und die Gleichgewichtssteuerung verantwortlich sind. Hierbei ist der Nervus cochlearis (Hörnerv) für das Übermitteln der Hörinformation aus dem Innenohr zum Hirnstamm verantwortlich, der Nervus vestibularis (Gleichgewichtsnerv) leitet die Informationen des Gleichgewichtsorgans an das Gehirn zur Verarbeitung weiter. Häufig werden diese Nerven auch als VIII. Hirnnerv oder als Nervus vestibulocholearis bezeichnet. Im Gehirn „hören" wir dann die über das Ohr wahrgenommen akustischen Signale und von hier aus erfolgt die Koordination der Bewegungen, die uns vor einem allzu heftigen Schwanken oder gar Umfallen bewahren.

Der Entwicklungsverlauf der auditiven Wahrnehmung

Die auditive Wahrnehmung geht mit dem Erwerb der Sprache Hand in Hand und entwickelt sich parallel, wobei das Kriterium für eine altersgemäße auditive Entwicklung die Aufmerksamkeitsfähigkeit des Kindes ist sowie die Fähigkeit, Reize zu unterscheiden, zu lokalisieren und zu verstehen. Das Kind eignet sich ähnlich der visuellen Entwicklung ein Schema der auditiven Wahrnehmung an, dessen Grundbausteine nicht die einfachen Töne, sondern der Reiz der strukturierten Geräusche (Melodien und Sprache) sind. Am wirkungsvollsten erweisen sich vor allem aber jene, die die Grundfrequenz der menschlichen Stimme, bevorzugt die Stimme der Mutter, enthalten. Ein organisch gesundes Kind kann im Laufe seiner Entwicklung einen Dialog führen, wobei es das Gehörte vordergründig wahrnimmt und seine Konzentration dahingehend lenkt, d. h. seinen Gesprächspartner lokalisiert, Geräusche wegfiltert, Wörter und Sätze richtig erfasst und gespeichertes Gehörtes immer wieder abrufen kann (vgl. Zimmer, 1995, S. 86–91).

Ein Baby kann zunächst nur hören, ohne den Sinn des Gehörten zu verstehen, es lauscht aber schon anfänglich den verschiedensten Geräuschen in seiner Umgebung, es will ergründen, wo diese eigentlich herkommen und welche „Rolle" sie spielen bzw. Ursache sie haben. Um diese Fragen beantworten zu können, wird ein gesundes Kind von sich aus agil, es beginnt den Kopf in die entsprechende Richtung zu drehen und mit den Augen die Herkunft zu lokalisieren. Es sind also die Augen, die diesen akustischen Erkenntnisakt unterstützen: „Aha! Das ist Mamas Stimme." Das alles geschieht ohne Kenntnis von Worten, aber bis zum ersten Lebensjahr wird das Kind einen beachtlichen passiven Wortschatz aufgebaut haben. Es wird verstehen, dass das Wort Mama nur für seine eigene Mutter gemeint ist und sonst für niemanden anderen. Mit dem ersten Wortsinn-Verständnis hat das Kind einen wichtigen Schritt in seiner Entwicklung getätigt und baut sich seine Begriffswelt auf (siehe auch Kapitel Denken).

Die folgenden Ausführungen zeichnen den Entwicklungsverlauf der auditiven Wahrnehmung in seinen wesentlichen Entwicklungsschritten nach, wobei das Kind auf drei Dimensionen von Tönen, die unserer Erfahrung zugänglich sind, die Tonhöhe, die Lautstärke und die Tonqualität (Klangfarbe) reagiert. Die Tonhöhe ermöglicht die Wahrnehmung von tiefen bis zu hohen Tönen (z. B. zur Unterscheidung der Stimme zwischen Vater und Mutter). Das menschliche Gehör ist außerdem für einen enormen Bereich physikalischer Intensitäten empfänglich, besser bekannt als die Wahrnehmung der Lautstärke (das Kind kann das Ticken einer Armbanduhr beim Stillen hören, gleichermaßen ist es aber auch für laute Geräusche wie z. B. das Starten eines Autos empfänglich). Und letztendlich können wir die Qualität von Tönen, die Klangfarbe wahrnehmen (das Kind lauscht der Melodie einer Spieluhr), welche sich von den unharmonischen Schallreizen, die wir als Lärm bezeichnen unterscheiden (das Kind wird bei Lärm unruhig und fängt eventuell an zu schreien) (vgl. Zimbardo, 1995, S. 184, 185).

1.–6. Monat
- Tonhöhe:
  - Das Kind sieht Sprechenden (Eltern) an.
- Lautstärke:
  - Es hält bei einem leisen Ton inne.
  - Es erschrickt bei einem lauten Geräusch.
  - Es sucht einen Ton durch Kopfwenden.
- Tonqualität:
  - Das Kind lauscht bei Gesang und Musik.
  - Es lässt sich von der Musik einer Spieluhr beruhigen.
  - Es fühlt sich liegend am Brustkorb seiner Mutter sichtlich wohl, da es neben dem Geborgenheitsgefühl eventuell auch noch den Herzschlag wahrnehmen kann.

6.–12. Monat
Neben der Fähigkeit des Kindes Töne wahrzunehmen, kommt zusätzlich der Erwerb des Wort- und Satzverständnisses hinzu, d. h. das Kind unterscheidet nicht nur nach Tonhöhe, Lautstärke und Tonqualität, sondern auch nach dem Sinn des Gesprochenen.
- Tonhöhe:
  - Das Kind stoppt Weinen auf Zuspruch, da es seine Bezugsperson erkennt und sich beruhigen lässt.
- Lautstärke:
  - Es reagiert auf Schimpfen.
  - Das Kind dreht Kopf direkt zum Ton.
  - Das Kind lauscht bei Schritten, da es neugierig ist.
- Tonqualität und Verständnis:
  - Es versteht eine Wortbedeutung.

1.–2. Lebensjahr
- Tonhöhe, Lautstärke, Tonqualität und Verständnis werden vom Kind kombiniert:
  - Das Kind blickt zur genannten Person.
  - Es kommt der Aufforderung nach herzukommen.
  - Es macht mit den Händen „Bitte", wenn es darauf aufmerksam gemacht wird.
  - Es versteht es, wenn es aufgefordert wird, den Mund zu öffnen.
  - Es reagiert auf seinen Namen.
  - Es zeigt bis zu zwei benannte Personen.
  - Es zeigt bis zu vier benannte Dinge.

– Es zeigt benannten Körperteil.

– Es versteht: „Möchtest du ...?"

– Es kann die Herkunft einer Schallrichtung lokalisieren.

– Es unterscheidet zwischen verschiedenen Tönen und erkennt ihre Bedeutung: z. B. Hausklingel – es kommt Besuch, Hupe des Autos – Papa kommt nach Hause.

– Es erfreut sich an einfachen Melodien und wippt mit dem Körper zum Rhythmus mit.

– Es versteht einfache Aussagen und Fragen.

2.–3. Lebensjahr

• Das Kind kennt bis zu 20 Wortbedeutungen.

• Es kann sich verabschieden.

• Es kommt der Aufforderung nach: Gib mir noch eines.

• Es versteht und kommt z. B. der Aufforderung nach: Leg die Puppe schlafen.

• Es befolgt zwei Aufträge.

• Es zeigt sechs benannte Körperteile.

• Es zeigt Tätigkeit im Bild.

• Es befolgt: Gib mir eines, gib mir viele.

• Es erkennt einfache Melodien von Kinderliedern und wippt mit dem Körper mit.

• Es versucht eigene Klänge zu produzieren und nimmt verschiedenste Hilfsmittel zur Hand, z. B. Kochtöpfe und Löffel, Holzspielzeug.

3.–4. Lebensjahr

• Das Kind zeigt größer und kleiner.

• Es zeigt auf genannte Farben.

• Es zeigt auf eckig und rund.

• Es hört einer Geschichte gespannt zu.

• Es kennt seinen Zeigefinger und Daumen.

• Es befolgt: Gib mir zwei.

• Es versteht morgens, abends.

• Es versteht müde und hungrig.

• Es kann zwei gleiche Geräuschdosen zueinander finden (Geräuschememory).

• Es kann einen einfachen Rhythmus nachklopfen.

• Es hat Spaß daran, eigene Laute zu produzieren in unterschiedlicher Klangfarbe.

• Es versucht sich im ersten Erwerb von Liedgut.

• Es kann Melodie und Text ansatzweise kombinieren.

• Es erfindet eigene Texte (Fantasiertes) zur Melodie.

5.–6. Lebensjahr:

• Das Kind ist in der Lage, zwischen hohen und tiefen Tönen zu unterscheiden.

• Es kann gleiche Geräusche wieder finden.

• Es kann einen Rhythmus nachklatschen oder mit einem Instrument wiedergeben.

• Es kann verschiedene Instrumente benennen und ihre Klangfarbe unterscheiden.

• Es kann ein Lied mit einem Instrument begleiten, bei einer Klanggeschichte mitmachen, eigene Phantasiemelodien erfinden, etc. (vgl. Kiphard, 2000, S. 14).

Erläuterungen zu den Beobachtungsbereichen

Ab dem vierten Lebensjahr sollte ein Kind in der Lage sein, sämtliche auditiven Informationen seiner Umwelt erfassen, verarbeiten und speichern zu können. Es ist fähig, die Richtung eines Geräusches festzustellen (*auditive Lokalisation*), z. B. kann es auf einen Zuruf seinen ganzen Körper danach ausrichten und seine Sinne dahingehend lenken oder bei Spielen in die Richtung eines Geräusches einer Glocke, Rassel u. Ä. zeigen. Des weiteren kann das Kind seine Aufmerksamkeit auf das Gehörte lenken (*auditive Aufmerksamkeit*), wenn z. B. die Erzieherin der Kindergruppe eine Geschichte erzählt und sich das Kind nicht von anderen flüsternden Kindern ablenken lässt und andere störende Geräusche wegfiltert (*auditive Figur-Grund-Wahrnehmung*). Merkt sich das Kind den Inhalt der Geschichte und kann es diesen wiedergeben, so spricht man von der *auditiven Merkfähigkeit* – es kann Gehörtes immer wieder abrufen. Erfasst es Laute, Wörter, Sätze, etc. in diesem Zusammenhang richtig und kann Laute filtern, spricht man von *auditiver Diskrimination* und ist es dem Kind möglich, seine eigene Lautproduktion zu überwachen, steuern und gegebenenfalls zu korrigieren, so wird dies als *auditiv-kinästhetische Koordination* (auditive Kontrolle) bezeichnet.

Die auditive Wahrnehmungsfähigkeit des Kindes kann spielerisch überprüft werden: z. B. durch das Memory der Tiere, bei dem die passenden Karten anhand der Tierstimmen (kleiner Recorder) paarweise gefunden werden müssen; indem die Kinder mit geschlossenen Augen Töne orten und ihnen folgen; mittels Vorlesen von Geschichten und

Beantwortung dazu passender Fragen, durch das Spiel mit der Gruppe: „Koffer packen" („Ich packe in meinen Koffer ein Handtuch und ein Paar Socken", das nächste Kind muss die Utensilien des Vorgängers wiederholen und erweitern: „Ich packe in meinen Koffer ein Handtuch, ein Paar Socken und eine Zahncreme."); durch Bildung von Wortketten (mit den jeweiligen Endbuchstaben – z. B.: Maus – Sonne – Ente, etc.); oder indem sich die Kinder bei bestimmten, vorher vereinbarten Wörtern in einer Geschichte mit einem Signal oder Zuruf melden.

Beobachtungsbogen zur auditiven Wahrnehmung

Beobachtungskriterien	Beobachtungsergebnisse (+, –, ~)				
	1. Quartal	2. Quartal	3. Quartal	4. Quartal	Durchschnitt
Auditive Lokalisation (Richtungshören)					
Das Kind erkennt und ortet Geräusche seiner Umwelt.					
Es zeigt auf die Schallrichtungsquelle.					
Mit verbundenen Augen erkennt das Kind die Schallrichtungsquelle und kann sie auch lokalisieren (z. B. Spiel: „Topfschlagen", „Blinde Kuh").					
Auditive Aufmerksamkeit					
Das Kind kann seine Konzentration auf das Gehörte lenken.					
Es kann zwei gleiche Geräusche aus einer Menge herausfinden.					
Es kann ein Lied mit einfachen Instrumenten (z. B. Triangel, Rassel ...) begleiten.					
Es begleitet eine Geschichte mit dem zeitlich, richtigen Einsatz des Instrumentes (Klanggeschichte).					
Auditive Merkfähigkeit					
Das Kind kann gespeichertes Gehörtes immer wieder abrufen.					
Es kann einen Rhythmus nachklatschen.					
Es kann Wörter nachsagen.					
Es merkt sich Aufträge.					
Es kann eine Geräuschfolge wiedergeben (Serialität).					
Es erkennt Instrumente an ihrem Klang.					
Auditive Diskrimination					
Das Kind kann Geräusche, Wörter, Sätze richtig erfassen.					
Es kann Laute differenzieren (z. B. Maus – Haus).					
Es erkennt und unterscheidet Tondauer und Rhythmus (z. B.: lang – kurz, laut – leise, hoch – tief).					

© Lueger, D.: Beobachtung leicht gemacht, Beltz Verlag, Weinheim und Basel 2005

Forts. Beobachtungsbogen zur auditiven Wahrnehmung

Beobachtungskriterien	Beobachtungsergebnisse (+, –, ~)				
	1. Quartal	2. Quartal	3. Quartal	4. Quartal	Durchschnitt
Das Kind kann Melodie und Rhythmus voneinander unterscheiden, aufnehmen und wiedergeben.					
Es kann fehlende Laute, Wörter oder Wortteile richtig ergänzen.					
Auditive Figur-Grund-Wahrnehmung					
Das Kind kann Gehörtes von anderen Geräuschen filtern und seine Konzentration dahingehend lenken.					
Es wendet sich aus einer Menge an klingenden Instrumenten dem zu findenden zu.					
Auditiv-kinästhetische Koordination (auditive Kontrolle)					
Dem Kind ist eine Überwachung der Steuerung und Korrektur der eigenen Lautproduktion möglich.					

© Lueger, D.: Beobachtung leicht gemacht, Beltz Verlag, Weinheim und Basel 2005

Die vestibuläre Wahrnehmung

Durch das vestibuläre System wird der Organismus befähigt, Bewegungen, vor allem aber jene wie Beschleunigung, Verlangsamung und Schwerkraft, wahrzunehmen. Die Regulationsprozesse dieses Systems laufen vorwiegend über das Innenohr (Gleichgewichtsorgan) ab und sind auf die Informationen der visuellen und auditiven Wahrnehmung angewiesen. Ein intaktes Vestibularsystem ermöglicht dem Kind, das Gleichgewicht in jeder Position, bei jeder Geschwindigkeit und jedem Richtungswechsel zu halten.

Wie unser Gleichgewichtsorgan funktioniert

Für eine bewusste Orientierung im Raum benötigen wir neben dem visuellen und propriozeptiven System (Tiefensensibilität) das Gleichgewichtssystem (vestibuläres System). Dessen Organ befindet sich beim Menschen im Innenohr und besteht aus den drei Bogengängen, die die Drehbewegungen des Kopfes im Raum erfassen, und zwei Mechanismen (Sacculus und Utriculus), die die lineare Beschleunigung des Körpers im Raum steuern. Die dort befindlichen Sinneszellen leiten die Sinnesinformationen zur Verarbeitung über den Hirnnerv zu den Nervenkernen und zum

Hirnstamm, während wir gleichzeitig Informationen durch die visuelle Wahrnehmung gewinnen. Die Augenmuskeln sind mit dem Gleichgewichtsorgan gekoppelt. Auf diese Weise wird ein stabiles Bild bei gleichzeitiger Kopfbewegung ermöglicht. Das Gleichgewichtsorgan verfügt über reflektorische Leistungen, d. h. ohne das Zutun des Bewusstseins wird unser Körpergleichgewicht aufrecht erhalten, „Fixationspunkte" bei Augenbewegungen werden festgehalten und die Umwelt bleibt bei Augen-, Kopf- und Körperbewegungen bewegungslos (vgl. Birbaumer/Schmidt, 1991, S. 405–408).

Erläuterungen zu den Beobachtungsbereichen

Das vestibuläre System ist maßgeblich an der räumlichen Orientierung und Bewältigung beteiligt. Im Alter von zirka acht Monaten beginnt das Kind sich an Möbeln hochzuziehen und erfährt das erste Mal die Schwerkraft bewusst, da es sein Gleichgewicht auspendeln muss und dies solange perfektioniert, bis es mit ungefähr zwölf Monaten seine ersten Schritte mit und ohne Hilfestellung wagt. Die folgenden Bereiche müssen hierfür entwickelt sein, sie sind auch gleichzeitig die Anhaltspunkte für die Beobachtung.

- Statische Gleichgewichtserhaltung: Das Kind kann aufrecht stehen und fällt nicht um.
- Dynamisches Gleichgewicht: Das Kind kann das Gleichgewicht während des Gehens halten.
- Bewegungsgleichgewicht: Das Kind kann sein Gleichgewicht auf verschiedenartigem Untergrund, z. B. Waldboden, halten.
- Objektgleichgewicht: Das Kind kann Objekte mit seinem Körper, z. B. mit den Händen, auf dem Kopf balancieren.
(Vgl. Quelle: http://www.nefo.med.uni-muenchen.de/~sglasauer/Vorlesung01.pdf)

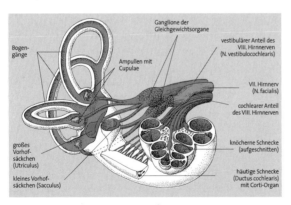

Abb. 5: Gleichgewichtsorgan(Quelle: Huch/Bauer, Mensch – Körper – Krankheit, 4. Auflage 2003, © Elsevier GmbH, Urban & Fischer Verlag München)

Beobachtungsbogen für die vestibuläre Wahrnehmung

Beobachtungskriterien	Beobachtungsergebnisse (+, –, ~)				
	1. Quartal	2. Quartal	3. Quartal	4. Quartal	Durchschnitt
Das Kind steht frei, geradlinig, mit beiden Beinen sicher auf dem Boden, ohne zu schwanken.					
Es geht die Treppe ohne Unterbrechung aufwärts und setzt gezielt einen Fuß vor den anderen und hält das Gleichgewicht.					
Es geht die Treppe sicher ohne Unterbrechung und mit Haltung des Gleichgewichts abwärts.					
Es bewegt sich sicher auf unebenem Untergrund, zum Beispiel Waldboden.					
Es kriecht eine schiefe Ebene (Baumstamm, Holzbank) entlang nach oben.					
Es fährt gerne und in einem geschmeidigen Bewegungsablauf mit dem Trittroller, balanciert auf Rollbrettern, etc.					

© Lueger, D.: Beobachtung leicht gemacht, Beltz Verlag, Weinheim und Basel 2005

Taktil-kinästhetische Wahrnehmung (haptische Wahrnehmung)

Ein Kind begreift auch durch die Wahrnehmung über die Haut (haptische Wahrnehmung) seine Umwelt. Hauptsächlich durch die Berührung und Erkundung mit den Händen, die einerseits als Tastorgan, andererseits als Werkzeug dienen, erfährt es *taktile und kinästhetische Reize*. Diese zwei Reizwahrnehmungen gehören zueinander und bedingen sich gegenseitig. Nehmen wir z. B. eine Flasche in die Hand, so erfahren wir über unsere Haut (taktile Wahrnehmung), ob das Material hart oder weich, glatt oder rau, der Inhalt kalt oder warm ist. Mit Hilfe unserer kinästhetischen Wahrnehmung erfahren wir aber, ob die Flasche rund, oval oder gar eckig ist, ob sie vom Inhalt her schwer ist und wie wir sie festhalten müssen. Wir erkennen auch mittels des Raum-, Zeit-, Kraft- und Spannungsverhältnisses, wo wir die Flasche halten: z. B. in Kopfhöhe um daraus trinken zu können, in der Nähe des Brustkorbes, da wir mit dem Weitertrinken warten und uns gerade einem Gespräch widmen usw.

Wie unsere Wahrnehmung über die Haut funktioniert

Allgemein betrachtet ist die Haut (lat. Integumentum) das den Körper bedeckende, oberflächengrößte Organ (ca. 1,5–2 m²) und dient dem physikalischen, chemischen und immunisierenden Schutz, der Wärmeregulation und der Aufnahme von Sinnesreizen (vgl. Pschyrembel, 1998, S. 636).

Ohne die Haut wäre der menschliche Körper nahezu schutzlos gegenüber Kälte, Hitze, Druck, Stößen, Reibung, chemischen Schädigungen, Eindringen von Mirkoorganismen und Verlust von Wasser und Wärme. Ganz wichtig ist auch die Funktion der Haut als das größte Sinnesorgan des Menschen zur Erfassung von Vibration und Schmerz, zum Tasten, zur Empfindung von Temperaturreizen mit „Fühlern", sogenannten Rezeptoren in unserer Haut. Unsere Haut zeigt aber auch Gefühle, sie kann erröten, erblassen, die Haare sträuben und ist in der Lage, Geruchsbotschaften mittels Duftstoffen (Pheromone) zu senden bzw. auszuscheiden. Wird die Haut verletzt, so ist der Körper bestrebt, den verloren gegangenen Schutz so schnell wie möglich wieder herzustellen. Die Haut ist wie eine Zwiebel in mehreren Schichten (typischen Zellstrukturen) aufgebaut, die entsprechende Funktionen erfüllen: An die Oberhaut schließt sich die etwas dickere Lederhaut an, in der Blut- und Lymphgefäße, Haarwurzeln, Nervenenden sowie Schweiß-, Duft- und Talgdrüsen liegen. Die Unterhaut mit Fettschicht, Blutgefäßen und Nerven stellt das Bindeglied zwischen Muskulatur und Haut dar und das Unterhautfettgewebe schützt den Körper vor Wärmeverlusten, beeinflusst aber die Körperform.

Erläuterungen zu den Beobachtungsbereichen zur taktil-kinästhetischen Wahrnehmung

Die *taktilen Reize* werden durch Rezeptoren in der Haut empfangen (Oberflächensensibilität), die Temperatur, Druck, Vibration und Schmerz vermitteln und zur Verarbeitung an das Gehirn weitergeleitet werden. „Kinästhesie" bedeutet die Wahrnehmung der Raum-, Zeit-, Kraft- und Spannungsverhältnisse der eigenen Bewegung. Mit Hilfe von Rezeptoren, so genannten Propriozeptoren, verfügt das Kind über die Fähigkeit, den eigenen Körper, seine Veränderungen und Zustände wahrzunehmen. J. Ayres (1984) bezeichnet dieses System auch als das propriozeptive System (Eigenwahrnehmung) mit dessen Hilfe die Grenzen und Vorstellungen des eigenen Körpers erfahrbar werden. Ebenso werden die Spannungs- und Lageveränderungen der Gelenke und Muskeln zur Verarbeitung an das Gehirn weitergeleitet, um dem Kind das genaue Abschätzen und Planen von Bewegungen zu ermöglichen, dies wird als *Tiefensensibilität* beschrieben und gliedert sich in fünf Entwicklungsbereiche:

- Stellungssinn: Die Wahrnehmung des eigenen Körpers im Raum (z. B. auch mit geschlossenen Augen wissen wir, wie die einzelnen Körperteile (Gelenke und Glieder) zueinander stehen).
- Bewegungssinn: Veränderungen der Gelenkstellung können ohne visuelle Kontrolle erfolgen.
- Kraftsinn: Dies ist jenes Maß an Muskelkraft, welches in Verbindung mit der Gelenkstellung für die Durchführung einer Bewegung notwendig ist.

- Spannungssinn: Der jeweilige Spannungszustand der Muskulatur wird wahrgenommen und kann auch dementsprechend willentlich verändert werden.
- Taktiles Differenzierungsvermögen: Es können verschiedene Oberflächenstrukturen in Kombination mit Materialien ertastet werden.

(Vgl. http://server1.nibis.ni.schule.de/ ~as-er/fach/sport/methode/wahrnem/ wahrnehm.htm; vgl. http://www.informatik.uni-bremen.de/~nostromo/haptik/)

Beobachtungsbogen zum taktil-kinästhetischen Bereich

Beobachtungskriterien	Beobachtungsergebnisse (+, –, ~)				
	1. Quartal	2. Quartal	3. Quartal	4. Quartal	Durchschnitt
Stellungssinn					
Das Kind lokalisiert Berührungen an seinem Körper.					
Es kann die berührten Körperstellen benennen.					
Bewegungssinn					
Das Kind kann auch mit geschlossenen Augen die Stellung der einzelnen Körperteile im Raum beschreiben (z. B.: „Ich halte meinen Arm in die Höhe, berühre mit meiner linken Zehenspitze den Boden.“).					
Das Kind kann die Stellung seiner Körperteile nach Aufforderung verändern ohne dabei die Augen zu öffnen.					
Kraftsinn					
Es kann seine Kraft im Umgang mit Materialien richtig dosieren.					
Es schätzt seine Kraft im Spiel mit anderen richtig ein.					
Spannungssinn					
Das Kind kann sämtliche Körperteile von der Spannung der Muskulatur verändern, z. B. den Arm locker hängen lassen und danach über den Kopf heben, in dieser Position halten versuchen usw.					
Taktiles Differenzierungsvermögen (Oberflächenstruktur)					
Das Kind kann verschiedene Oberflächenstrukturen differenzieren.					
Es ertastet Formen und Materialien.					
Es unterscheidet Temperaturen.					
Es lehnt den Umgang mit bestimmten Materialien ab.					

(Vgl.: Ministerium für Schule, Jugend und Kinder des Landes Nordrhein-Westfalen, S. 12)

© Lueger, D.: Beobachtung leicht gemacht, Beltz Verlag, Weinheim und Basel 2005

Geschmack und Geruch (gustatorische und olfaktorische Wahrnehmung)

Zwei Sinneswahrnehmungen, denen eigentlich wenig Bedeutung geschenkt wird, sind der Geschmack und der Geruch. Wird man sich dieser zwei Fähigkeiten bewusst, mit deren Hilfe wir die Umwelt auf eine ganz besondere Art und Weise kennen lernen, so ist die Vorstellung, weder schmecken noch riechen zu können, beinahe unmöglich. Dieser Verzicht macht sich spätestens bei einer starken Erkältung bemerkbar: wir schmecken und/oder riechen nichts, das zubereitete Essen wird uninteressant. Zwar „isst das Auge" mit, aber das am besten und schönsten zubereitete Essen verliert die Bedeutung eines kulinarischen Genusses, wenn wir es nicht schmecken können.

Die beiden Sinnessysteme Geschmack und Geruch funktionieren chemisch; sie gehören entwicklungsgeschichtlich zu den ältesten Sinnen. Der Geschmack fungiert als unmittelbarer Nahsinn und der Geruch als Fernsinn, da er zusätzliche Informationen aus der weiteren Umgebung vermitteln kann. Ein interessanter Aspekt ist die Koppelung der gustatorischen und olfaktorischen Wahrnehmung mit der Gefühlswelt, mit unseren Emotionen, worauf die Ausdrücke „jemanden nicht riechen können" oder „Liebe geht durch den Magen" verweisen (vgl. Birbaumer, Schmidt, 1991, S. 413).

Wie die Zunge funktioniert

Unter gustatorischer Wahrnehmung versteht man die Fähigkeit, chemische Sinnesreize (Nahrungsmittel u. Ä.) mit Hilfe der Zunge zu schmecken und voneinander zu unterscheiden. Die Zunge (anat. Lingua) ist ein von Schleimhaut frei überzogener Muskelkörper. Er gliedert sich in die frei bewegliche Zungenspitze, den Zungenkörper und den Zungengrund (vgl. Pschyrembel, 1998, S. 1723).

Die auf der Zunge befindlichen Geschmacksknospen nehmen die fünf Geschmacksrichtungen süß, salzig, sauer, bitter und umami (von jap. „umami": „fleischig und herzhaft", „wohlschmeckend") wahr, welche aber nur auf wasserlösliche Stoffe ansprechen. Das heißt, diese müssen sich in einer Lösung befinden, oder sich vom Speichel lösen lassen, um wahrge-

nommen werden zu können. Die letzte Geschmacksrichtung (umami) wurde erst Anfang des 20. Jahrhunderts identifiziert und soll besonders eiweißreiche Nahrungsmittel anzeigen (Aminosäuren). Ein Beispiel dafür wäre der Geschmacksverstärker „Mononatriumglutamat" (MSG), der den umami-Geschmack sehr konzentriert vermittelt. Die Sinneswahrnehmung „scharf" wird zwar als Geschmacksempfindung qualifiziert, ist aber genau genommen ein Schmerzsignal der Zungennerven bei Speisen, die beispielsweise mit Chili gewürzt sind, hervorgerufen durch das Alkaloid Capsicain (vgl. http://de.wikipedia.org/wiki/Gustatorische_Wahrnehmung (02.12.2004)).

So wird Süßes und Salziges am besten mit der Zungenspitze und der Seite der Zunge geschmeckt, Saures nur an der Seite und Bitteres im hinteren Teil. Die Meinungen bezüglich der Regionen der Geschmackswarnnehmungen gehen auseinander. Einige Forscher sind der Ansicht, dass sich die Geschmacksrichtungen süß, sauer, salzig und bitter über die ganze Zunge erstrecken.

Die Stärke einer Schmeckempfindung hängt in erster Linie von der Konzentration des Reizstoffes und der Dauer der Reizeinwirkung ab, wobei auch die Temperatur einer Reizstofflösung die Stärke der Schmeckempfindung beeinflusst. Bitter schmeckende Stoffe werden schon bei sehr niedrigen Konzentrationen wahrgenommen, wobei die Schwellen für sauer, salzig und süß viel höher liegen.

Die biologische Bedeutung des Geschmacksinnes liegt darin, einerseits die Nahrung auf eventuell unverdauliche oder giftige Stoffe zu prüfen und andererseits, die Beteiligung an der reflektorischen Steuerung der Sekretion der Verdauungsdrüsen, die beim Eintreffen der Nahrung auf der Zunge angeregt werden. Jedoch genügt auch der Anblick oder Gedanke an ein gutes Essen und „das Wasser läuft einem im Munde zusammen". Neugeborene zeigen durch mimische Reaktionen deutliche Lust- bzw. Unlustreaktionen auf Reize durch Saccharose (süß) beziehungsweise Koffein (bitter) und kodieren ihre Erfahrungen im Laufe ihrer Entwicklung – genaue Altersangaben im Bezug auf die Entwicklungsbereiche der gustatorischen Wahrnehmung lassen sich jedoch nicht machen (vgl. Birbaumer/ Schmidt, 1991, S. 416–419).

Wie die Nase funktioniert

Gerüche umgeben unser tägliches Dasein, dennoch sind sie nicht, so wie bei vielen Tierarten, hauptsächlich für den Orientierungssinn zuständig. Trotzdem gibt es auch bei uns Situationen, in denen Informationen über unsere Umwelt hauptsächlich über die Nase aufgenommen werden (z. B. verdorbene Nahrung lässt sich oft schon am Geruch identifizieren). Gerüche wecken Emotionen; häufig sind Erinnerungen an die Kindheit mit bestimmten Gerüchen verbunden: Das Tannengrün mit der Weihnachtszeit, die Sonnenmilch mit dem Urlaub usw. Diese Wahrnehmung ist schon früh ausgeprägt und ein Säugling kann seine Mutter nach der Geburt am Geruch erkennen und untersucht weiter seine Umwelt schmeckend und riechend. Gerüche beeinflussen unser Leben tiefgehend: Lang verschüttete Erinnerungen werden durch Gerüche wieder belebt, sie entscheiden, wen wir sympathisch oder unsympathisch finden nach dem Motto: „Immer der Nase nach!" Die biologische Bedeutung des Riechens liegt in ihrer Schutzfunktion, wenn z. B. unangenehme Gerüche einen Nies- oder Würgereflex auslösen. Eine gesunde Nase erwärmt überdies die Einatmungsluft auf Körpertemperatur, sättigt die Atemluft mit Feuchtigkeit, filtriert kleinste Staubpartikel und schützt die Bronchien.

Die Aufnahmezone des olfaktorischen Systems befindet sich im Inneren der Nase. Die einströmende Luft gelangt durch die zwei Nasenlöcher, die durch eine Scheidenwand getrennt sind, in die Nasenhöhlen. Diese wiederum münden in den Nasenrachenraum und dieser in den Rachen, der seinerseits an die Mundhöhle anschließt. Das Gaumensegel verschließt während des Schluckens die Verbindung Nasen- und Mundhöhle (vgl. http://www.net-lexikon.de/Olfaktorische-Wahrnehmung.html).

Der eigentliche Geruchssinn nimmt tief in der Nasenhöhle seinen Anfang und liefert über einen Komplex an Wahrnehmungsbündeln und den 1. Hirnnerv die notwenigen Riechnervinformationen an den „Bulbus olfactoris", welcher diese aufnimmt und zur Verarbeitung in mehrere Gehirnareale weiterschickt (Riechhirn, Thalamus, Neocortex bis hin zum Hypothalamus). Die starke emotionale Komponente des Geruchssinns ist durch die unmittelbare Verbindung mit dem limbi-

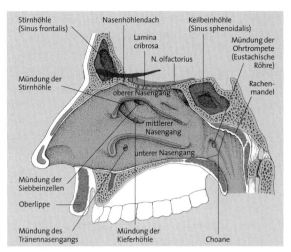

Abb. 7: Querschnitt Nase (Quelle: Huch/Bauer, Mensch – Körper – Krankheit, 4. Auflage 2003, © Elsevier GmbH, Urban & Fischer Verlag München)

schen System zu erklären. Die genussvolle (hedonische) Bewertung von Riechstoffen im Gegensatz zu den Geschmacksstoffen wird beim Menschen weitgehend in den ersten fünf bis zehn Lebensjahren erlernt. Während Neugeborene durch mimische Reaktionen deutliche Lust- beziehungsweise Unlustreaktionen in Bezug auf bestimmte Geschmacksrichtungen zeigen, sind die Reaktionen bei Gerüchen häufig indifferent. Die Eindrücke werden zugeordnet und gespeichert und die Meinungen bezüglich der Geruchseinteilungen gehen auseinander von würzig, blumig, fruchtig, harzig, faulig, über stechend/beißend (z. B. Essig, Ameisensäure), ätherisch, kampferartig (z. B. Mottenkugeln), bis hin zu lauchartig (z. B. Zwiebel), brenzelig (z. B. Tabak), betäubend (z. B. Opium) und Kaprylgerüche (z. B. Käse). Sieben chemische Elemente besitzen ebenfalls einen Geruch, der vom Menschen wahrgenommen werden kann: Arsen, Brom, Chlor, Fluor, Jod, Phosphor und Sauerstoff als Ozon (vgl. http://de.wikipedia.org/wiki/Geruchssinn; vgl. Birbaumer, Schmidt, 1991, S. 419–425).

Beobachtungshinweise für den Geschmack und Geruch

Bereits Babys haben zwei Tage nach der Geburt Geruchsempfindungen, dies wurde in verschiedenen Versuchsreihen erprobt, wobei sich bei jedem neuen Geruch die Herzfrequenz und das Atemmuster änderten. Neugeborene können anhand des Brustgeruches ihre Mutter von anderen unterscheiden. Eine genaue zeitliche Überprüfung gustatorischer und olfaktorischer Wahrnehmung ist nicht möglich, feststellbar ist lediglich, ob die Gerüche und Geschmäcker vorhanden sind, wie sie das Kind verbal differenzieren kann und inwieweit es diese Informationen abgespeichert und kodiert hat. Die nachfolgenden Beispiele dienen der spielerischen Überprüfung der Geschmacks- und Geruchsfunktionen und sollen als eine Anregung gesehen werden (vgl. Schenk-Danzinger, 1990, S. 34 f.).

Die Überprüfung dieser Wahrnehmungsbereiche lässt sich anhand einfacher Ratespiele mit Lebensmitteln und Duftstoffen (z. B. aus der Apotheke, getrocknete Lebensmittel) feststellen.

- Die Erzieherin bereitet gemeinsam mit den Kindern Obsthäppchen auf Zahnstochern zu, die dann im Zuge eines Ratespiels mit verbundenen Augen erkannt werden sollen. Die Kinder können sich auf diese Art und Weise bereits beim Zubereiten mit den diversen Obstsorten auseinandersetzen, sie kosten, an ihnen riechen, ihre Konsistenz überprüfen: wie lassen sie sich zerteilen, enthalten sie viel oder wenig Fruchtsaft usw. Sie bekommen so ein innerliches Bild und können dieses beim Spiel wieder abrufen und das Obst anhand des Geschmackes benennen.
- Alte Fotofilmdosen werden mit Duftwattebäuschen mit verschiedenen Duftnoten gefüllt. Jeweils zwei desselben Geruches müssen zusammengefunden werden.
- Ein Kräutergarten oder Kräutertöpfe wird gemeinsam angelegt, an dem man riechen und von dem man kosten kann; die Kräuter werden zur Nahrungszubereitung verwendet, z. B. Zubereitung von Kressebroten, Kräutertees, etc.
- Die Kinder schlecken und erkennen verschiedene Eissorten.
- Sie pressen Obstsäfte aus und differenzieren sie.

Das Differenzieren der einzelnen Geschmäcker und Gerüche in Form von Spielen wird auch als „Kim"-Spiel bezeichnet. Das Kind lernt dabei, all seine Sinne zu gebrauchen und situationsbedingt einzusetzen.

Das Experimentieren mit Geruch und Geschmack kann sehr lustbetont für die Kinder sein, da sie mit Übereifer an Neuem interessiert sind, aber auch für die Erzieherin, die sich anhand der Angebote ihre eigenen Wahrnehmungsfähigkeiten wieder bewusster machen kann. Die Wahrnehmungsbereiche können sehr weit ausgebaut werden, vielleicht unter dem Motto: „Was essen die Kinder unserer Welt?". Früchte verschiedenster Kontinente, Kulturen, Sitten und Gebräuche rund um die Nahrungszubereitung in anderen Ländern, Tischkulturen u. v. m. bereichern sicherlich das Gruppengeschehen.

Pädagogische Überlegungen

Mit Hilfe seiner Wahrnehmung kann ein Kind seiner Welt auf unterschiedliche Art und Weise Bedeutung verleihen, es eignet sich Wissen durch Erfahrung an, es erlebt, begreift, speichert, vergleicht und verwirft alte Theorien, um neue Ereignisse verstehen zu lernen. Das Kind benötigt für eine Vielzahl an Sinneseindrücken die entsprechende Angebote und Erfahrungsmöglichkeiten seitens der Erzieherin, wobei es ein Grundprinzip ist, dass sich das Kind so ungezwungen und zweckfrei als nur möglich betätigen können soll, um seinen Gefühlen und Einfällen im Spiel, im Musizieren, im künstlerischen Gestalten, im Planen und Bauen, etc. freien Lauf lassen zu können.

Nicht das Produkt ist entscheidend, sondern der Weg und die Erfahrungen, die ein Kind sammelt, um dorthin zu gelangen, sind von Bedeutung. Folgende Überlegungen sollten bei der Förderung der Wahrnehmung berücksichtigt werden:
- Förderung der Gesamtpersönlichkeit des Kindes
- Das Spiel als Ausgangspunkt für sämtliche Wahrnehmungsmöglichkeiten (in Form von Kleingruppen)
- Freiraum für den spielerischen Umgang mit sämtlichen Materialien
- Anbieten von Literatur (Geschichten, Bildergeschichten, etc.)
- Dem Kind die Möglichkeit bieten, alle Wahrnehmungsbereiche einbeziehen zu können, z. B. in Form der Präsentation eines Theaterspieles (gemeinsamer Entwurf des Inhaltes, Zusammenstellung des Instrumentariums, etc.)
- Motivation und Stärkung des Kindes zum eigenständigen Experimentieren

- Entwicklung eigener Theorien, Veränderung und Verwerfung über gesammelte Erfahrungen zulassen
- Ausreichende Raum- und Sachausstattung und Bereitstellung von Materialien (Voraussetzungen schaffen)
- Altersangemessene Forderung und Förderung
- Entwicklung des Sozialverhaltens, die das Kind befähigen, sich mit anderen Kindern auszutauschen (Gestaltungsprozess in der Gruppe)
- Das Kind soll Empfindungen und Ideen zum Ausdruck bringen und sich als Gefühlswesen erleben können
- Anregung der Fantasie und Ausgestaltung durch sprachliche Angebote

- Musikalische Erziehung (Einbezug von musikalischen Elementen, Erfindung und Umsetzung von Musik, gemeinsames Musizieren, motorische Umsetzung von Musik, Schulung eines guten Gehörs, Einsatz von Instrumenten, Tanz- und Bewegungsspiele, etc.)
- Erleben von Kunst in der Umwelt und eigene Auseinandersetzung damit
- Projektgestaltung
- Gesundheitliche Bildung und Erziehung (Ernährung, Bewegung, Hygiene, Stärkung des Wohlbefindens, Unfallverhütung, etc.) (vgl. Bayerisches Staatsministerium für Arbeit und Sozialordnung, Familie und Frauen (Hrsg.), 2003, S. 222–226, 233–245, 261–270)

Kopiervorlage für Förderangebote zur Entwicklung der Wahrnehmung

Datum	Kurzreflexion (+, –, ~) ▶
Angebot	**Reflexion**
Ziel	

Datum	Kurzreflexion (+, –, ~)
Angebot	**Reflexion**
Ziel	

Datum	Kurzreflexion (+, –, ~)
Angebot	**Reflexion**
Ziel	

© Lueger, D.: Beobachtung leicht gemacht, Beltz Verlag, Weinheim und Basel 2005

Entwicklungsbereich Sprache

Allgemeine Überlegungen

Die Sprache ist unser wichtigstes Kommunikationsmittel. Mit ihr ist es uns möglich, mit anderen Menschen in Kontakt zu treten, unsere Wünsche, Bedürfnisse und Befindlichkeiten auszudrücken, Gedanken zu vermitteln, Informationen weiterzugeben und uns mit anderen Menschen darüber auszutauschen. Insofern ist die Sprache ein Schlüssel zur Welt, zur Erkenntnis, zu anderen Menschen.

Die kommunikative Kraft der Sprache erschließt sich auf drei Ebenen: der gesprochenen, gehörten und gelesenen Sprache. Sie besteht aus einem System von Wörtern, die bestimmten Strukturregeln unterliegen – z. B. wie ein Satz aufgebaut ist, wie die Verben jeweils gebeugt werden müssen, etc. Was die Wörter bedeuten, warum z. B. der Baum ‚Baum' heißt, beruht auf gesellschaftlichen Vereinbarungen. Sprache ist also einerseits ein tragender Bestandteil der Kultur und andererseits immer auch kulturspezifisch geprägt.

Sofern keine Behinderungen oder andere Beeinträchtigungen vorliegen, ist die Fähigkeit zum Erlernen der Sprache bei jedem Menschen angelegt. Das heißt jeder Mensch verfügt über das Potenzial, Sprachverständnis zu erwerben, Laute bzw. Wörter zu artikulieren, sich die Bedeutung der Wörter (Semantik) zu erschließen, ihre formale Struktur (Grammatik) zu erlernen und Sprache in kommunikativen Kontexten anzuwenden (Pragmatik). Voraussetzung dafür ist jedoch eine Umgebung, in der das Kind vielfältige sprachliche Anregungen bekommt und im zwischenmenschlichen Kontakt den Sinn und die Möglichkeiten der sprachlichen Auseinandersetzung erlebt. Das Kind lernt von den Personen, die ihm wichtig sind, in Form von vielfältigen sprachlichen Anregungen im Dialog, in Situationen, die sein Interesse erwecken und im Versuch, die Umwelt zu verstehen.

An dieser Stelle ist jedoch darauf hinzuweisen, dass Kommunikation keineswegs nur gesprochene Sprache ist. Non-verbale Zeichen, die durch Mimik und Gestik, den Tonfall der Stimme, etc. ausgedrückt werden, sind ein wesentliches Element von Kommunikation und Spracherwerb. Zu einer sprachfördernden „Atmosphäre" gehört auch die differenzierte Wahrnehmung und Förderung der non-verbalen Signale und Ausdrucksformen von Kindern. Non-verbale Botschaften werden im Allgemeinen auf mehreren Informationskanälen gleichzeitig gesendet und empfangen, d. h. via Gesichtsausdruck, Körperbewegung, Blickkontakt, räumliche Distanz, taktile Kommunikation und Gerüche. Ist einem Kind ein Missgeschick passiert, z. B. ein Glas zerbrochen, ohne dass es die Erzieherin sogleich bemerkt, so können die non-verbalen Signale vorweg vieles verraten: das Kind senkt den Kopf, meidet den fragenden Blick der Erzieherin, wirkt plötzlich schüchtern und etwas nervös, zieht sich in einen etwas ruhigeren Raumteil zurück, wirkt auf einmal auffallend „brav", hofft durch kurze, prüfende Blicke, dass die Erzieherin von alldem nichts bemerkt hat usw. Wer seine Kinder genau kennt, der benötigt nicht viel Sprache um zu erfahren, wie es ihnen geht, was sie beschäftigt und wo sie Hilfe benötigen – ein Anstoß dazu, sich mehr auf seine Gefühle und eine genaue Beobachtung zu verlassen (vgl. Bayerisches Staatsministerium für Arbeit und Sozialordnung, Familie und Frauen, 2003, S. 155). So gesehen, ist Sprache mehr als Laute und Worte.

Die Fähigkeit einen Satz richtig zu bilden und auszusprechen, baut ebenfalls auf verschiedenen Gesetzmäßigkeiten auf, welche vom Kind in ein Beziehungsgefüge gebracht werden müssen. Dazu gehören:

- Wortschatz – Semantik: Lehre von der Bedeutung der Wörter, Zeichen, Symbolen als Denkinhalt;
- Satzbau – Syntax: Lehre vom Satzbau, Wörter zu korrekten Sätzen zusammenfügen, je nach deren Bedeutungsinhalt;
- Aussprache – Phonetik: Lehre vom Erzeugen von Lauten und dem Sprechen;
- Wortbildung – Morphologie: Lehre von der Beugung und Stammbildung der Wörter (vgl. Serges Medien, 2000, S. 696, 774, 528);

- Verständigung – sozial-kommunikative Fähigkeiten (Pragmatik): Kenntnis verschiedener Sprachstile: Alltagsgespräch, Höflichkeitsregeln, Fähigkeit zum Dialog;
- Körpersprache – Mimik und Gestik: Gefühle und Bedürfnisse erkennen, auch bei seinem Gegenüber.

Die Sprachentwicklung beginnt mit der Geburt und verläuft in einem langfristigen, kontinuierlichen Prozess. Der Säugling kommuniziert mit seiner Umwelt mit Hilfe von Mimik, Lächeln, Stimme und Weinen und berührt uns mit seinem zarten Aussehen, den großen Augen, der Stupsnase – dies wird auch Kindchenschema genannt. Der Erwachsene, aber vor allem die Mutter, reagieren darauf in der Regel mit Wohlwollen und Ansprache. Dieses Verhalten ist biologisch in uns verankert. Das Kind lernt durch die rege Zuwendung seines Umfelds und versucht seinerseits ebenfalls zu kommunizieren, zu „antworten", indem es lallt, gurrt, quietscht. Wenn die Bezugspersonen darauf wiederum verbal und non-verbal reagieren, werden die kommunikativen Bemühungen des Kindes unterstützt und gefördert. In einem lustvollen dialogischen Kontext werden die ersten Lautäußerungen von den Eltern interpretiert und Sinn versehen. Diese frühen Interaktionen sind Grundbedingung für eine erfolgreiche Sprachentwicklung.

Wichtig ist darüber hinaus das Training der Sprechwerkzeuge. Bereits ein Neugeborenes zeigt durch sein Schreien, dass es über einen kräftigen Ausatmungsstrom verfügt, der die Grundlage der Stimmbildung ist. Bei der Nahrungsaufnahme werden Lippen, Zunge und Gaumensegel in Anspruch genommen und auch das Essen fester Nahrung erweist sich in weiterer Folge als „Geschicklichkeitstraining", da die Zunge die mundgerechten Stücke zum Kauen hin- und herbewegen muss. Im Lallstadium führt das Kind mit den Sprechorganen dieselben Bewegungen wie bei der Nahrungsaufnahme aus, also im wesentlichen Saugbewegungen. Dabei bildet es verschiedene Laute, wie Schmatz- und Schnalzlaute.

Während der ersten Lallperiode (6. Woche bis 9. Monat) äußert das Kind die Lautfolgen anfangs instinktiv und im Affekt, bald werden sie jedoch schon als akustisches Erlebnis empfunden und bewusst produziert (zweite Lallperiode: 6. bis 9. Monat). Oft scheint das Kind aus reinem Vergnügen an der Hervorbringung von Lauten zu lallen, trainiert dabei aber gleichzeitig seine Artikulationsfähigkeiten. Es bringt zunächst die Laute hervor, die ihm am leichtesten fallen, wie ma-ma-ma, da-da-da usw. Reagieren Erwachsene auf diese Laute mit „richtigen" Wörtern, wird das Kind beim Aufbau eines aktiven und passiven Wortschatzes unterstützt (8. bis 9. Monat).

Gegen Ende des ersten Lebensjahres treten die zufälligen Lautkombinationen in den Hintergrund und das Kind fängt an, gehörte Laute so lange nachzuahmen, bis sie gelingen (Laute wie m, b, p, n). Dies setzt sich in Form von Silben und Wörtern fort. Diese Wiederholung von Wörtern (und Sätzen) wird auch als Echolalie (Echosprache) bezeichnet. Bis zu diesem Zeitpunkt dient die Sprache noch der Mitteilung von Gefühlen, Empfindungen, Wünschen und Bedürfnissen. Das Kind spricht zwischen zwei und zehn Wörtern in Kindersprache, wie z. B. „Wauwau", und drückt in Kombination mit Betonung und Körpersprache die Bedeutung seiner Äußerung aus. Schaut es z. B. ängstlich, sucht die Nähe des Erwachsenen, zeigt mit dem Finger auf den Hund, ändert die Blickrichtung, senkt seinen Kopf ein wenig und spricht nur zaghaft und leise „Wauwau!" – drückt es seine Angst vor dem Hund aus. Wenn es hingegen in aufrechter Haltung auf den Hund zugeht, die Arme nach ihm ausstreckt und laut „Wauwau!" ruft, vermittelt es eher seine Freude über die Anwesenheit eines Hundes.

Bis zu einem Alter von zwei Jahren umfasst der aktive Wortschatz 20 bis 50 Wörter, wobei neben Hauptwörtern auch schon Tätigkeits- und Eigenschaftswörter benutzt werden, Laute wie z. B. w, f, t, d kommen hinzu. Das Kind beginnt zwei und mehr Wörter zu Äußerungen zu verbinden: „Tür auf" oder „Mama Tür auf" und kann mit Hilfe der Satzmelodie Fragen stellen. Mit zweieinhalb Jahren nimmt der Wortschatz rapide zu, das Kind bildet immer häufiger Mehrwortsätze, gebraucht erstmals die Ich-Form und artikuliert auch die schwierigeren Laute k, g, ch, r.

Im Alter von drei Jahren wird die Verwendung von Personalpronomen (ich, du, er usw.) sicherer, erste Präpositionen („*auf* dem Baum") tauchen auf und auch Hilfsverben zur Bildung der Vergangenheit („Ich *habe* geschlafen"), das Prädikat steht dabei immer öfter an der richtigen Stelle im Satz. Erste Fragen werden durch die Umstellung von Tätigkeitswörtern und

Subjekt gebildet: „Hast du geschlafen?" und auch Farben können schon benannt werden. Allerdings bestehen noch Probleme beim Verständnis von Gegensätzen und feineren Abstufungen, z. B.: groß – klein, groß – größer. Das Kind erweitert seinen Wortschatz erheblich und stellt sehr viele Fragen mit Fragewörtern: warum, wie, was?, es beginnt auch schwierige Lautverbindungen zu lernen z. B. kn, bl, gr.

Bis dreieinhalb Jahre werden die Laute der Muttersprache bis auf einige schwierige Laute (z. B. „sch") und Lautverbindungen (z. B. „pfl") korrekt ausgesprochen. Der Wortschatz wächst weiter an und es gelingen immer schwierigere Satzkonstruktionen, Nebensätze können jedoch noch fehlerhaft sein. Es kann zu einem „entwicklungsbedingten Stottern" kommen (altersgemäße Sprachunflüssigkeiten).

Ab dem Alter von vier bis sechs Jahren spricht ein Kind fließend, der Wortschatz ermöglicht einen differenzierten Ausdruck, auch abstrakte Begriffe werden auf kindlichem Niveau sicher gehandhabt, alle Laute werden korrekt gebildet, die Grammatik wird weitgehend beherrscht, Gedankengänge können variiert ausgedrückt werden (verschiedene Zeit- und Pluralformen), Geschichten können nacherzählt werden, das Kind kann telefonieren und nennt Vor- und Nachnamen.

Der Verlauf der Sprachentwicklung

Wichtige Meilensteine der Entwicklung des Sprechens, wobei für die jeweiligen Altersstufen diejenigen Fähigkeiten benannt werden, über die ein Kind in der Regel im Bereich der Sprachproduktion und des Sprachverständnisses verfügen sollte. Die Altersangaben stellen durchschnittliche Anhaltspunkte für das Tempo der Sprachentwicklung dar.

Neugeborenes bis 7. Woche
- Reflexschreie

Bis 6. Monat
- Lallen, Gurren, Schreien (beginnend mit Kehllauten wird eine Reihe von Lauten in allen Artikulationszonen gebildet, oft Konsonantenverbindungen wie z. B. „kr").

Bis 10. Monat
- Lallen von Silben: „ba", „be".
- Silbenverdoppelungen: „gaga".

- Kind sucht bei Benennung (z. B. auf die Frage: „Wo ist der Ball?") mittels Kopfdrehung Gegenstände.

Bis 12. Monat
- Lallmonologe „babagadenama".
- Erstes „Mama" oder „Papa".
- Kind reagiert auf seinen Namen und auf einfachste Aufträge.

Bis 12. Monat
- Kind spricht zwischen 2 und 10 Wörter in Kindersprache („Wauwau" – Hund).
- Es holt Sachen heran, wenn es aufgefordert wird.

Bis 1,5 Jahre
- Äußerung in Einwortsätzen, mit einem Wort kann es feststellen, erbitten, fragen und antworten (z. B. „Mama", „haben").
- Einfache Aufforderungen und Fragen werden verstanden.
- Laute m, b, p, n können gebildet werden.

Bis 2 Jahre
- Aktiver Wortschatz umfasst 20 bis 50 Wörter.
- Passiver Wortschatz um die 250 Wörter.
- Verwendung von Haupt-, Tätigkeits- und Eigenschaftswörtern.
- Verbindung von zwei und mehr Wörtern zu Äußerungen („Tür auf").
- Erstes Fragealter mit Hilfe der Satzmelodie („Tür auf?").
- Laute w, f, t, d können gebildet werden.
- Erste Körperteile werden benannt.

Bis 2,5 Jahre
- Zunahme der Mehrwortsätze.
- Endungen an Haupt- und Tätigkeitswörtern beliebig.
- Erster Gebrauch der Ich-Form.
- Laute k, g, ch, r können gebildet werden.

Bis 3 Jahre
- Fragealter: Warum? Wie? Was?
- Bildung einfacher Sätze und Nebensätze.
- Farben werden benannt.
- Lernen schwieriger Lautverbindungen: kn, bl, gr.

Bis 4 Jahre
- Bis auf eventuelle Zischlaute und schwierige Konsonantenverbindungen (z. B. kl, dr)

beherrscht das Kind die Laute der Muttersprache.

- Bildung komplexer Sätze, schwierige Satzkonstruktionen können noch fehlerhaft sein.
- Nebensätze können gebildet werden.
- Fragealter hält an und Kind stellt die Frage häufig mit „Warum?"
- Physiologisches Stottern (entwicklungsbedingt) kann auftreten.

Bis 6 Jahre
- Grammatik wird weitgehend beherrscht.
- Gedankengänge können variiert ausgedrückt werden (verschiedene Zeit- und Pluralformen).
- Nacherzählen von Geschichten.
- Kind nennt Vor- und Nachnamen und kann telefonieren.
(vgl. Wendlandt, Sprachpyramide, 2000, S. 25)

Erläuterungen zu den Beobachtungsbereichen

Es gibt eine Vielzahl an Sprachtests, die nur den momentanen Stand, aber nicht die Lerngeschichte des Kindes, d. h. den bisherigen Entwicklungsverlauf des Spracherwerbes festhalten. Es ist aber durchaus wichtig zu wissen, wie der bisherige Spracherwerbsprozess verlaufen ist, welche fördernden und hemmenden Faktoren die Entwicklung mitbestimmt haben, insbesondere ob organische Schädigungen vorliegen.

Voraussetzung für das passive Sprachverständnis und damit auch für die spätere Sprachproduktion ist ein gutes Gehör. Beim Ausbleiben der Lallphase und der Sprachproduktion zu einem bestimmten Alter ist der Verdacht einer Hörbeeinträchtigung möglich und muss entsprechend untersucht werden. Aber auch jede pathologische Erscheinung am Ohr (z. B. eine Mittelohrvereiterung) kann eine dauernde beidseitige Hörbeeinträchtigung nach sich ziehen und sich negativ auf die Sprachentwicklung auswirken – das Kind kann z. B. die Laute schlecht wahrnehmen, es artikuliert ungenau, es reagiert und nimmt langsamer wahr.

Sprechen ist ein komplexer Vorgang, an dem die Sprechwerkzeuge, Prozesse der Stimmbildung und die Atmung beteiligt sind. Mit Sprechwerkzeugen sind all diejenigen Tei-

le des Körpers gemeint, die unmittelbar aktiv oder passiv in die Lautproduktion einbezogen sind: Lunge, Kehlkopf, Gaumen, Zunge, Zähne, Lippen usw. Eine herausragende Rolle spielt dabei die Zunge, die ein sehr flexibles Organ ist und es insbesondere ermöglicht, die Resonanzeigenschaften des Mundraums in vielfältiger Weise zu verändern. Sprechen ist also auch eine motorische Angelegenheit. Störungen in den motorischen Abläufen führen deshalb zu einem gestörten Sprechvorgang (Sprechstörungen) oder zu Störungen der Stimmbildung (Stimmstörungen).

Bei Sprachentwicklungsverzögerungen oder -beeinträchtigungen ist also zunächst zu prüfen, ob die notwendigen physiologischen Voraussetzungen erfüllt sind. Neben den organischen Ursachen für einen verzögerten Spracherwerb können auch psychische und soziokulturelle Gründe eine Rolle spielen. Zu erwähnen sind insbesondere seelische Belastungen, soziale Vernachlässigung oder extremer Fernsehkonsum, Computerspiele u. Ä.

Die systematische Begleitung und Dokumentation der Sprachentwicklung von Kindern in den verschiedenen Situationen, mit einem klaren Fokus auf entwicklungsrelevante Aspekte, sollte das Ziel der Erzieherin sein.

Um einer genauen Beobachtung gerecht werden zu können, wurde die sprachliche Entwicklung in verschiedene Teilbereiche untergliedert. Im *Beobachtungsbogen zum allgemeinen Sprachverhalten* geht es um die sprachliche Umgebung des Kindes, seine Sprachvorbilder, die Kommunikation mit anderen Kindern, Erwachsenen, Erzieherin, seine Beteiligung an Gesprächsrunden, Einzelgesprächen, Interesse an sprachlichen Aktivitäten, Begegnung des Kindes mit Schrift, Reimen, Sprachspielen und anderen Sprachen. Ziel ist es, sich bewusst mit dem Kind und seiner sprachlichen Umgebung auseinander zu setzen und einen allgemeinen Eindruck der sprachlichen Situation zu bekommen.

Der *Beobachtungsbogen zu den physiologischen Voraussetzungen* beschäftigt sich mit dem Gesundheitszustand des Kindes. Um den konkreten Entwicklungsstand des Kindes in der Sprachentwicklung geht es im *Beobachtungsbogen zur Gesprächsbereitschaft und zum Anweisungsverständnis* sowie im *Beobachtungsbogen zur Sprachfähigkeit, phonologischer Bewusstheit und Gedächtnis.*

Beobachtungsbogen zum allgemeinen Sprachverhalten

Beobachtungskriterien	Beobachtungsergebnisse ▶
Sprachliche Umgebung des Kindes:	
Sprachvorbild/er des Kindes:	
Kommunikation mit Erwachsenen:	
Kommunikation mit der Erzieherin:	
Kommunikation mit anderen Kindern (aktiv, passiv):	
Beteiligung des Kindes an Gesprächsrunden, Einzelgesprächen:	
Interesse an sprachlichen Aktivitäten (wie Rollenspiel, Bücher, Geschichten hören, verbaler Austausch mit anderen Kindern):	
Begegnung des Kindes mit Schrift, Reimen, Sprachspielen, anderen Sprachen:	

© Lueger, D.: Beobachtung leicht gemacht, Beltz Verlag, Weinheim und Basel 2005

Beobachtungsbogen zu den physiologischen Voraussetzungen

Beobachtungskriterien	Beobachtungsergebnisse (+, –, ~)				
	1. Quartal	2. Quartal	3. Quartal	4. Quartal	Durchschnitt
Nasenatmung Kind kann durch die Nase atmen.					
Mundatmung Kind atmet ausschließlich durch den Mund, kann nicht durch die Nase atmen (z. B. aufgrund von Nasenpolypen).					
Hörvermögen Kind reagiert auf Geräusche, Rufe und wendet sich Geräuschquelle zu.					
Atmung Kind kann kräftig durch die Nase einatmen und durch den Mund wieder ausatmen und auch umgekehrt.					
Stimme Kind setzt Stimme und dafür notwendigen Luftstrom ein.					
Sprechwerkzeuge Kind kann Sprechwerkzeuge (Zähne, Lippen, Zunge usw.) für das Sprechen einsetzen.					
Befundergebnisse (ärztliche Gutachten, Krankenhausbefunde, Befunde von Logopäden usw.) sollen ebenfalls in die Beobachtungsergebnisse mit einbezogen werden, um ein Gesamtbild des sprachlichen Entwicklungsstandes eines Kindes zu erhalten.					

© Lueger, D.: Beobachtung leicht gemacht, Beltz Verlag, Weinheim und Basel 2005

Beobachtungsbogen zur Gesprächsbereitschaft und zum Anweisungsverständnis

Beobachtungskriterien	Beobachtungsergebnisse (+, –, ~)				
	1. Quartal	2. Quartal	3. Quartal	4. Quartal	Durchschnitt
Gesprächsbereitschaft					
Muttersprache Kind beherrscht seine Muttersprache vollständig.					
Weitere Sprachkenntnisse Kind hat an Kursen teilgenommen, es wird zu Hause zweisprachig erzogen.					
Sprechfähigkeit Kind spricht Wörter und Sätze deutlich aus, in längeren Erzähleinheiten.					
Sprechbereitschaft Kind ist nicht gehemmt, übernimmt die Sprecherrolle, leistet Gesprächsbeitrag bewusst.					
Sprechfreude Kind freut sich, wenn es sich sprachlich beteiligt.					
Sprechbeteiligung Kind nimmt rege an Gesprächen teil.					
Sprechsicherheit Kind äußert sich gerne, unmissverständlich.					
Zuhören Kind kann seinem Gegenüber oder der Gruppe zuhören, andere ausreden lassen, auf Beiträge angemessen reagieren.					
Frageverständnis Kind stellt bei Unwissenheit die richtige Frage.					
Mitteilung von Wünschen Kind teilt seine Wünsche mit.					
Erwiderung auf Befragung Kind reagiert seinerseits mit einer Antwort auf eine Frage.					
Anweisungsverständnis					
Verstehen von Anweisungen.					
Durchführen von Anweisungen.					
Befolgen von mehreren Anweisungen.					

© Lueger, D.: Beobachtung leicht gemacht, Beltz Verlag, Weinheim und Basel 2005

Beobachtungsbogen zu Sprachfähigkeit, phonologischer Bewusstheit und Gedächtnis

Beobachtungskriterien	Beobachtungsergebnisse (+, −, ~)				
	1. Quartal	2. Quartal	3. Quartal	4. Quartal	Durchschnitt
Sprachfähigkeit					
Artikulation (Sprechlautbildung): Kind kann Töne modulieren und in Sprechlaute umformen.					
Lautbildung: Kind kann Laute richtig bilden und aussprechen z. B. „sch" statt „s".					
Wortschatz: Kind verfügt über einen altersgemäßen Wortschatz, es kann z. B. zwischen Namen für Dinge der Umwelt, Körperteile, einfache abstrakte Begriffe usw. differenzieren.					
Kind spricht über sich in der Ich-Form.					
Satzbildung und Grammatik: Kind bildet Sätze vollständig.					
Kind wendet grammatikalische Grundregeln richtig an (Plural, Vergangenheit, Verbindung von Hauptsätzen mit Nebensätzen).					
Kind kann Sätze erweitern (Satzbau – Haupt- und Nebensätze bilden).					
Sprechrhythmus: Kind betont angemessen und spricht in angemessenen Tempo					
Spontansprache: Kind kann sich spontan äußern.					
Kind erzählt eine Geschichte treffend vom Inhalt her, es hat die Handlung verstanden.					
Kind erfindet Fantasiegeschichten.					
Welche Laute werden fehlerhaft gebildet, welche fehlen?					
Sprachgedächtnis und phonologische Bewusstheit					
Das Kind merkt sich Sätze und Wortreihen.					
Es kann Laute heraushören.					
Es merkt sich Gedichte und Lieder.					

© Lueger, D.: Beobachtung leicht gemacht, Beltz Verlag, Weinheim und Basel 2005

Forts. Beobachtungsbogen zu Sprachfähigkeit, phonologischer Bewusstheit und Gedächtnis

Beobachtungskriterien	Beobachtungsergebnisse (+, –, ~)				
	1. Quartal	2. Quartal	3. Quartal	4. Quartal	Durchschnitt
Es kann Reimwörter in einfachen Kinderreimen ergänzen (z. B. Maus – Haus).					
Es kann Anweisungen befolgen und gegebenenfalls auch wiederholen (z. B. „Bitte hole deine Federschachtel, eine Schere, ein Blatt Papier und warte auf mich bei diesem Tisch" – das Kind kann sich mehrere Arbeitsaufträge merken und durchführen).					
Es erzählt von seinen Erlebnissen.					
Begegnung mit Symbolen und Schrift					
Das Kind erfindet eigene Symbole.					
Es erkennt Verkehrszeichen und deren Bedeutung.					
Es kennt gebräuchliche Symbole (z. B. Zeichen für die Toilette: WC).					
Es versteht Symbole im Alltag (z. B. Garderobenzeichen eines jeden Kindes).					
Es interessiert sich für Buchstaben.					
Das Kind zeigt Interesse am Umgang mit Büchern.					
Es entwickelt ein erstes Textverständnis (Bildgeschichten).					
Es kann Formen schriftlich wiedergeben (z. B. Kreis, Dreieck, Quadrat ...).					
Es schreibt erste „Kritzelbriefe".					
Das Kind kann seinen eigenen Namen nachziehen oder sogar schon schreiben.					

© Lueger, D.: Beobachtung leicht gemacht, Beltz Verlag, Weinheim und Basel 2005

Pädagogische Überlegungen

Kinder lernen die Sprache am besten im persönlichen Kontakt, mit einer ihnen zugewendeten Bezugsperson. Die pädagogische Fachkraft ist für die Kinder ein Sprachvorbild in vielerlei Hinsicht. Deswegen muss die Erzieherin einer Reihe von Aufgaben in der täglichen Arbeit mit Kindern gerecht werden und folgende Grundgedanken in ihr Tun mit einbauen. Einerseits muss sie eine respektvolle Haltung und Einstellung gegenüber ihrer Arbeit mit Kindern einnehmen, andererseits ihnen die Möglichkeiten schaffen, Sprache in vielfältigster Form begegnen zu können und dabei fördernde Maßnahmen einleiten.

Notwendige Haltung und Einstellung der Erzieherin

- Die Erzieherin ist Sprachvorbild in Bezug auf Sprachgebrauch, Haltung gegenüber sprachlicher Kommunikation und „Sprache", Einstellung gegenüber Dialekten und anderen Sprachen.
- Eine Begleitung der Sprachentwicklung des Kindes durch regelmäßige Beobachtung und Dokumentation der Erzieherin ist für eine qualitativ, pädagogisch wertvolle Arbeit unumgänglich.
- Sie sollte einer intensiveren und individuelleren sprachlichen Förderung von sprachlich und sozial benachteiligten Kindern nachkommen.
- Sie sollte Zwei- und Mehrsprachigkeit wertschätzen und fördern.
- Wichtig ist der Austausch mit der Familie eines Kindes über dessen Sprachentwicklung.
- Sie muss die Gefühle des Kindes beobachten und in Sprache fassen und/oder sich ihm dabei körperlich zuwenden, dabei das Kind ermutigen, Gedanken auszudrücken und Meinungen zu entwickeln.

Schaffung von Voraussetzungen für den Spracherwerb

- Die Erzieherin hat die Aufgabe, vielfältige sprachliche Anregungen anzubieten im Dialog und in Situationen, die das Interesse des Kindes wecken.
- Sie ist in der Lage, eine Handlungswelt zu schaffen, um Zusammenhänge besser erkennen zu können und diese bis hin zum begrifflichen Denken sprachlich umzusetzen.

- Sie kann die Kommunikation der Kinder untereinander stützen, Innen- und Außenräume mit entsprechenden Materialien gestalten, die eine selbständige Bildung von Gruppen ermöglichen.
- Mit ihrer Hilfe können Angebote gesetzt werden, die Sprache pantomimisch, tänzerisch, in Form eines Schattenspieles, mittels einer Bildergeschichte, mit Geräuschen u. v. m. darstellen.

Fördernde Maßnahmen

- Die Erzieherin sollte das Interesse an „Sprache" fördern.
- Sie sollte die Fähigkeit zu sprachlicher Abstraktion und Gestaltung fördern.
- Sie sollte Sprachbewusstsein und sprachliches Selbstbewusstsein fördern.
- Sie sollte das Interesse an Schrift und an „spielerisch-entdeckendem" Schreiben fördern (vgl. Bayerisches Staatsministerium für Arbeit und Sozialordnung, Familie und Frauen, 2003, S. 155–166).
- Sie sollte sich selbst differenziert sprachlich auszudrücken.
- Sie sollte die Fähigkeit der Kinder fördern, sich sprachlich mitzuteilen und mit anderen auszutauschen.
- Die Erzieherin hat die Kinder bei der Begriffsbildung im alltäglichen Geschehen zu unterstützen (Ordnen, Klassifizieren, Benennen von Gegenständen, etc.).
(Vgl. Schäfer, Gerd E. (Hrsg.), 2003, S. 171–180)

Literacy-Erziehung

Ein zentraler Bestandteil von sprachlicher Bildung ist die „Literacy-Erziehung", damit sind die Erfahrungen des Kindes mit Buch-, Erzähl- und Schriftkultur gemeint, die bereits in den ersten drei Lebensjahren beginnen. Diese Form der Erziehung steigert das Sprachinteresse des Kindes. Sie ist Wegbereiter für das Lesenlernen, die Leselust, das „Zuhörenkönnen", die Konzentrationsfähigkeit, das mathematische und naturwissenschaftliche Denken. Kinder sind an Schriftzeichen sehr interessiert, die ersten Buchstaben werden zum Schreiben des Namens gelernt und geübt, sie interessieren sich dafür, ihre Identität schriftlich festzuhalten, kreieren eigene Schriftzeichen im Wunsch, die symbolische Ausdrucksweise von Erwachsen nachzuahmen, betrachten gerne Bilderbücher, setzen sich mit Zahlen auseinander (Geburtstag, Uhr ...), spielen gerne Post (gestalten Briefe und Geld), schicken sich im Rahmen von Rollenspielen Briefe usw. Die Aufgabe der Erzieherin ist es, die dafür notwendigen Materialien bereit zu stellen – Bücher, Zeitschriften, Bildgeschichten, Zahlentafeln, Spiele, Stifte – damit die Kinder ihrer Kreativität freien Lauf lassen können und alle möglichen „Literacy"-Aktivitäten erproben können.

Kopiervorlage für Förderangebote zur Sprachentwicklung

Datum	Kurzreflexion (+, –, ~)
Angebot	Reflexion
Ziel	

Datum	Kurzreflexion (+, –, ~)
Angebot	Reflexion
Ziel	

Datum	Kurzreflexion (+, –, ~)
Angebot	Reflexion
Ziel	

© Lueger, D.: Beobachtung leicht gemacht, Beltz Verlag, Weinheim und Basel 2005

Entwicklungsbereich Denken

Allgemeine Überlegungen

Ist etwas im Kopf präsent, ohne dass wir es in diesem Moment mit den Sinnesorganen wahrnehmen, spricht man von Denken. Denken heißt, sich etwas innerlich zu vergegenwärtigen: wir stellen uns Vergangenes oder Zukünftiges oder rein Mögliches mit unserem inneren Auge vor. Es findet unabhängig von Raum und Zeit statt, dient uns dazu, Wahrnehmungen weiterzuverarbeiten, uns Orientierung in der Welt zu verschaffen und ist eine Grundlage für zielgerichtetes Handeln. Nach einer Systematik von Guilford (1964) lassen sich fünf Typen von Denkoperationen unterscheiden:

- Gedächtnis: z. B. das Erinnern an sprachliches Material, optische oder akustische Eindrücke.
- Erfassendes Denken: Erkennen und Wieder erkennen von Informationen (verstehen, begreifen, identifizieren etc.).
- Konvergierend-produktives Denken: Problemlösendes Denken, das auf das Finden einer einzigen Lösung abzielt.
- Divergierend-produktives Denken: Problemlösendes Denken, das nach ganz verschiedenen Lösungen in ganz verschiedene Richtungen sucht.
- Bewertendes Denken: etwas Erfasstes oder Produziertes nach bestimmten Kriterien beurteilen.

Bedeutsam für die Qualität von Denkleistungen ist außerdem die so genannte Metakognition, das Denken über das eigene Denken, das Wissen über das eigene Wissen, die Lenkung des eigenen Wissens und Lernens.

All diese Fähigkeiten eignet sich das Kind im Laufe seiner Entwicklung an. Wie erfolgreich die kognitiven Lernprozesse sind, hängt sowohl von Anlagefaktoren ab, d. h. von der angeborenen Ausstattung, als auch von Umweltfaktoren, d. h. dass kognitive Lernprozesse gleichermaßen Ergebnis der Interaktionen mit der Umwelt eines Menschen sind.

Die Entwicklung des Menschen beginnt mit der Befruchtung und Einnistung des Eis in der Gebärmutter. In den neun Monaten bis zur Geburt, in der pränatalen Phase, macht auch das Gehirn eines Kindes eine rasante Entwicklung durch. Die Entwicklung des Nervensystems folgt bei jedem Lebewesen nach genetisch festgelegten Anweisungen, jedoch ist Vererbung nicht alles – Stimulation und Information aus der Umwelt werden gleichermaßen benötigt. Außergewöhnliche Einflüsse können aber dem Gehirn während der Schwangerschaft und auch nach der Geburt erheblichen Schaden zuführen. Umweltbedingungen, die eine normale Entwicklung des Gehirns verhindern, sind z. B. Unterernährung, Infektionen, Strahlung, Drogen, Verletzungen und vieles mehr (vgl. Zimbardo, 1995, S. 135).

Die Erforschung des Gehirns und in weiterer Folge die des Denkens wird heute auch in einem umfassenderen Ansatz eingeordnet: die so genannte Kognitionsforschung oder Kognitive Wissenschaft. Kognition ist der allgemeine Begriff für alle Formen des Erkennens und Wissens, zu dem die Aufmerksamkeit, das Erinnern, Planen, Entscheiden, Problemlösen und Mitteilen von Ideen gehören. Somit ist die kognitive Psychologie die Untersuchung aller geistigen Prozesse und Strukturen, und die Denkpsychologie ist deren zentrale Teildisziplin.

Zum Verlauf der kognitiven Entwicklung nach Piaget

Einer der wichtigsten Theoretiker zur Entwicklung des Denkens ist der Schweizer Psychologe Jean Piaget (1896–1980), der auf theoretischer Ebene, durch Versuche und Experimente die kindlichen Erkenntnisprozesse erforschte. Piaget stellte fest, dass logisches Denken Kindern nicht angeboren ist und dass sich die Art des Denkens zwischen Erwachsenen und Kindern grundlegend unterscheidet. In einer Stufenfolge entwickelt das Kind bestimmte Kategorien und Fähigkeiten, die seine Art der Wahrnehmung und des Denkens beeinflussen. Es geht um einen „Umbau" der Denk- und Handlungsstrukturen durch die tägliche Interaktion des Individuums mit der gegenständlichen und sozialen Umwelt, um den Aufbau kognitiver Strukturen und Funktionen.

Unter einer kognitiven *Struktur* (Schema) versteht Piaget die Art und Weise, wie der Mensch mit bestimmten Anforderungen umgeht. So gibt es z. B. ein Schema des Rührens, Hämmerns, Anziehens, etc. Schemata machen verschiedenartige Gegenstände zu gleichartigen, z. B. zu solchen, mit denen man rühren oder mit denen man hämmern oder die man anziehen kann usw. Diese Schemata werden im Gedächtnis gespeichert und zur Wiedererkennung von Gegenständen aktiviert. Insofern erleichtern sie den Umgang mit der Umwelt. Den kognitiven Strukturen stellt Piaget die kognitiven *Funktionen* gegenüber. Darunter versteht er grundlegende Möglichkeiten des Menschen, die Umwelt zu bewältigen. Die wesentliche Funktion, die zur Formung einer Struktur führt, ist die Assimilation, die mit der zweiten Funktion, der Akkommodation, einen kognitiven Gesamtprozess bildet (Adaption).

Beim Prozess der Assimilation werden neue Eindrücke an bereits bestehende kognitive Konzepte angepasst. Wenn für das Kind ein Holzstück zum Schiff wird, so assimiliert es das Holzstück an sein kognitives Konzept von Schiff. Bei der Akkommodation werden hingegen bei neuen Erfahrungen die kognitiven Schemata verändert.

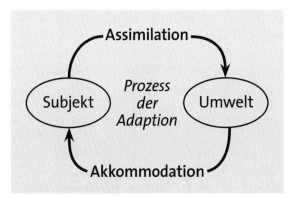

Abb. 11: Prozess der Adaption

Die Entwicklung dieser Strukturen des menschlichen Denkens durchläuft *vier Stufen*, die aufeinander aufbauen, in Wechselwirkung zueinander stehen und nicht übersprungen werden können.

Die Stufe der sensumotorischen Intelligenz (null bis zwei Jahre)

Während dieser Stufe entwickelt das Kind ein so genanntes vorbegriffliches Denken, das allein durch das Zusammenspiel von Wahrnehmungseindrücken und motorischer Aktivität entsteht. Anhand von sechs Stadien zeichnet Piaget den Weg von den angeborenen Reflexmechanismen bis zu den ersten Vorstellungen nach. Während des ersten Jahres werden die sensumotorischen Erfahrungen verbessert, kombiniert, koordiniert und integriert (Saugen und Greifen, Schauen und Bewegen ...). Sie werden abwechslungsreicher, denn das Kind erkundet immer neue Aspekte in seiner Umwelt. Es entdeckt, dass seine Handlungen äußere Ereignisse beeinflussen und beginnt Verhaltensweisen zu zeigen, die aussehen wie zielgerichtete, kognitiv gesteuerte Aktivitäten. Ein weiterer Meilenstein innerhalb dieser Stufe besteht darin, dass sich das Kind ab Mitte des zweiten Lebensjahres Handlungen innerlich vorstellen und die Konsequenzen dieser Handlungen vorwegnehmen kann. Ein weiterer wichtiger Schritt zur gedanklichen Repräsentation ist die so genannte Objektpermanenz. Das heißt, dass Gegenstände nicht nur dann in der gedanklichen Vorstellung präsent sind, wenn sie aktuell und unmittelbar sinnlich wahrnehmbar sind, sondern dass das Kind unabhängig davon Bilder in seinem Kopf entstehen lassen kann.

Die präoperationale Stufe (Stufe des anschaulichen Denkens; zwei bis sieben Jahre)

In dieser Phase lernt das Kind zu sprechen und eignet sich die ersten Grundlagen des begrifflichen und logischen Denkens an. Es begreift, dass ein Symbol für ein Objekt stehen kann und unterscheidet zwischen einem wirklich vorhandenen Gegenstand und einem nur vorgestellten Symbol. Das kindliche Denken bleibt in dieser Phase noch stark an die konkrete Anschauung gebunden (ist prä-operativ) und unterliegt charakteristischen Einschränkungen. So verstehen Kinder noch nicht das Prinzip der Mengenerhaltung, wenn ein Gegenstand verformt wird, z. B. aus einer Kugel Ton eine Schlange gerollt wird. Sie denken dann, dass die Masse abnimmt, weil die Schlange dünner ist oder dass sie zunimmt, weil die Schlange länger ist. Ein weiterer

Punkt ist der kindliche Egozentrismus. Das Kind kann sich noch nicht in den Standpunkt eines anderen Menschen hineinversetzen und fühlt sich deswegen auch nicht veranlasst, seine Ansichten zu rechtfertigen oder zu begründen. Durch die Entwicklung von Kompetenzen zur Perspektiven- und Rollenübernahme wird der Egozentrismus allmählich überwunden. Es gelingt dem Kind zusehends, die Perspektive eines anderen zu übernehmen und in seine kommunikativen Bemühungen zu integrieren.

Auch das Weltbild des Kindes unterscheidet sich in dieser Phase noch stark von dem eines Erwachsenen. Das Kind ist noch nicht fähig, die Welt in belebt und unbelebt zu unterteilen. Es glaubt z. B., dass auch Wolken Lebewesen sind. Piaget bezeichnet dies als „animistische Deutungen", diese stellen qualitative Vorstufen des kausalen Denkens dar. Gleichzeitig stattet das Kind seine gegenständliche Umwelt mit Fähigkeiten aus, es vermenschlicht sie (Anthropomorphismus). Ein anderes Phänomen ist die Tendenz des Kindes, alle Erscheinungen als zweckbestimmt zu erklären (Finalismus), z. B.: Die Sonne scheint, damit die Blumen wachsen.

Die konkret-operationale Stufe (sieben bis elf Jahre)

Auf dieser Stufe entwickeln die Kinder eine Reihe von geistigen Operationen, die es ihnen ermöglichen, sich auf eine systematische Art und Weise mit der Welt auseinander zu setzen – ins Denken kommt Ordnung. Während dieser Phase löst sich das Denken zunehmend vom konkret Beobachteten. Nicht allein die direkte sinnliche Wahrnehmung, sondern auch der gedankliche Nachvollzug des Gesehenen und Geschehenen bekommt Bedeutung. Dadurch können verschiedene Aspekte eines Gegenstands oder Vorgangs gleichzeitig erfasst und zueinander in Beziehung gesetzt werden. So zeigt z. B. die Einsicht in die Mengenerhaltung der Tonkugel bei Verformung, dass Umfang und Länge zusammen in das Verständnis von Volumen übergegangen sind. Oder Kinder können nun Aussagen zur Beziehung des Ganzen zu seinen Teilen machen. Mit dem Begriff „konkret" ist gemeint, dass das Kind nun in Gedanken mit konkreten Objekten bzw. Vorstellungen operieren kann.

Formal-operationale Stufe (elf bis fünfzehn Jahre)

Hier taucht erstmals die Fähigkeit auf, abstrakt zu denken. Dies entspricht der höchsten Form des logischen Denkens. Das Denken stützt sich vorwiegend auf verbale bzw. symbolische Elemente und nicht mehr auf Gegenstände. Die Kinder entwickeln Hypothesen und prüfen diese durch planvolles Experimentieren. Sie sind nun auch zur Kritikfähigkeit in der Lage und können nicht nur die inhaltliche Richtigkeit von Aussagen überprüfen, sondern auch deren logische Form bzw. Wahrheitsgehalt (vgl. Anderson, 1989, S. 375).

Piaget hat das kindliche Denken als einen wechselseitigen Anpassungsprozess von Subjekt und Wirklichkeit beschrieben. Nicht mit einbezogen hat er aber die komplexen Querverbindungen zwischen Denken, Kommunikation, Wahrnehmung und kindlicher Phantasie. Um kindliches Denken zu verstehen, reicht es nicht aus, sich einzig und alleine auf die beschriebenen Denkprozesse zu konzentrieren. Darüber hinaus bedarf es eines genaueren Bildes der zwischenmenschlichen Kommunikations-, Wahrnehmungs- und emotionalen Verarbeitungsprozesse (vgl. Schäfer, Gerd E. (Hrsg.), 2003, S. 29).

Der Entwicklungsverlauf des Denkens

Die beschriebenen kognitiven Operationen beginnen bereits nach der Geburt. Das Kind versucht sich in seiner Umwelt zurechtzufinden und zwar mit Hilfe seines kognitiven Apparats, d. h. es beginnt seine sinnlichen Erfahrungen, was es schmeckt, riecht, fühlt, sieht und hört, zu verstehen und einzuordnen. Diese Eindrücke werden vom Kind gespeichert und mit Neuem verglichen und gegebenenfalls verankert. Das Kind lernt aber auch durch sein aktives Handeln, d. h. es setzt sich mit Hilfe seiner Motorik mit der Umwelt auseinander – es erfasst, begreift und verarbeitet. Ein Beispiel dafür wäre die Hand-Auge-Koordination und in weiterer Folge die Hand-Auge-Mund-Koordination: Das Kind lernt, dass es Gegenstände nicht nur mit seinen Augen erfassen, sondern diese auch mit seinen Händen greifen kann. Diese Erfahrung baut es weiter aus, indem es den Gegenstand auch noch mit dem Mund untersucht. Voraussetzung allerdings ist, dass es auch genügend Materialien für Experimentierspiele zur Verfügung hat.

Beobachtung kann bereits in diesen einfachen Spielsituationen stattfinden. Wird einem Baby ein Fläschchen hingehalten, wird es über entsprechende Mund- und Handbewegungen signalisieren, wenn es das „Signal" richtig verstanden hat. Das Beispiel soll zeigen, dass Beobachtung in jedem Entwicklungsalter durchführbar ist, die Erzieherin schafft sich Situationen, die den jeweiligen Beobachtungspunkten entsprechen und überprüft diese im Spiel mit dem Kind.

Sobald das Kind die postnatale Periode, in der es den überwiegenden Teil des Tages schläft, überwunden hat und längere Wachzeiten zu beobachten sind, muss es sehen, hören und greifen können. Dies dient zur Aktivierung der Sinne und der Gehirnzellen. Es ist ein Irrglaube, dass Säuglinge möglichst ruhig und abgeschirmt von äußeren Reizen gehalten werden sollen.

1. Monat
- Kein bewusstes Sehen, Kind blickt gerne in gedämpfte Lichtquellen.
- Es beruhigt sich bei Lageveränderungen.
- Es reagiert auf Geräusche.
- Es beruhigt sich wenn es hochgenommen wird.
- Es behält ein großes, leicht greifbares Objekt in der Hand.
- Gelegentlich bildet der Säugling Laute.

2. Monat
- Das Kind kann einen Gegenstand von der Mittelstellung zur Seite mit einem Gesichtswinkel von 90 Grad verfolgen.
- Bei lauten Geräuschen in nächster Nähe dreht das Kind automatisch den Kopf zur Schallquelle oder hält einen Augenblick in der Bewegung inne.
- Das Kind beginnt zu lächeln.
- Es zeigt Vorfreude (auf Gefüttertwerden, Gehaltenwerden, etc.).
- Es erkennt die Mutter.
- Es erkundet seine nächste Umgebung.
- Es bewegt die Augen als Reaktion auf Objekte und Schatten (Augenzwinkern).

3. Monat
- Das Kind verfolgt Gegenstände von einer Seite zur anderen (Gesichtswinkel 180 Grad).
- Es antwortet auf einen Blick spontan lächelnd oder lallend.
- Es beginnt mit der Hand-Auge-Koordination.
- Es reagiert mit Bildung von Lauten auf das Sprechen eines Erwachsenen.
- Es sucht nach Geräuschquellen.
- Es erkennt, wenn es hochgenommen werden soll und führt entsprechende Bewegungen aus.
- Es reagiert, wenn das Gesicht eines Erwachsenen verschwindet.

4. Monat
- Die Hände des Kindes betasten den berührten Gegenstand.
- Gegenstände werden von ihm mit dem Blick abgetastet.
- Es lacht das erste Mal laut.
- Kind zeigt vermehrte Hinwendung zur Umwelt, kann Laute, besonders die Stimme der Mutter erkennen.
- Es sucht die Schallquelle mit den Augen (Richtungshören).
- Es folgt mit dem Kopf einem bewegten Gegenstand, z. B. einem über den Tisch rollenden Ball, einem von Hand geführtem Löffel, etc.
- Es betrachtet seine Hände und untersucht sie.
- Es erkennt nicht vertraute Situationen.

5. Monat
- Bei gleichzeitigem akustischen und optischen Reiz reagiert das Kind auf optische Darbietung, streckt die Arme nach erblicktem Gegenstand aus.
- Es unterscheidet fremde von vertrauten Personen.
- Es produziert unterschiedliche Laute (z. B. für Freude, Ungeduld, Zufriedenheit).

6. Monat
- Das Kind kann entfernte Spielsachen erreichen, indem es sich durch Rollen vorwärts bewegt.
- Es vokalisiert melodisch in Einzel- und Doppelsilben.
- Es lokalisiert leise Geräuschquellen in 50 cm Entfernung.

- Es spiegelt einen freundlichen oder zornigen Gesichtsausdruck wider.
- Es erkennt öfters Gesehenes wieder.
- Es passt sich durch Gewöhnung an die Alltagsroutine an und wirkt gestört, wenn diese gewechselt wird.
- Es gibt einen Gegenstand von einer Hand in die andere.
- Es hebt z. B. einen Becher hoch und benutzt ihn zum Klopfen.
- Das Kind lächelt sein Spiegelbild an und lässt sich gerne necken.
- Es kann mit einer Hand nach einem Gegenstand greifen.

7. Monat
- Kind achtet mehr auf Gebärden, Töne und Mimik als auf das Sprachverständnis.
- Ein farbiges Spielzeug wird vom Kind länger angesehen als ein farbloses.
- Es reagiert spielerisch auf einen Spiegel.
- Es behält zwei von drei angebotenen Würfeln.
- Es kann gut und sicher allein sitzen.

8. Monat
- Kind schaut einem heruntergefallenen Spielzeug nach.
- Ein Gegenstand existiert für das Kind weiter, auch wenn er verschwunden ist.
- Es sucht nach Verlorenem, es findet Verstecktes.
- Beginnt zwischen sich und anderen Personen zu unterscheiden, beginnt zu fremdeln.
- Es bringt unterschiedliche Silben hervor.
- Es lauscht vertrauten Worten mit erhöhter Aufmerksamkeit.
- Es versucht drei angebotene Würfel zu ergreifen.

9. Monat
- Kind vokalisiert bewusst, macht sich laut bemerkbar, um Aufmerksamkeit zu erregen.
- Es sucht hinunter gefallenes Spielzeug.
- Es lokalisiert visuell Quelle leiser Geräusche oder einer Stimme, die ihm etwas bedeutet.
- Es isst alleine einen Biskuit.

10. und 12. Monat
- Kind bringt Enttäuschung beim Ausbleiben von erwarteten Begegnungen oder Ereignissen zum Ausdruck.
- Es zeigt Kränkung über einen Verlust.
- Es zeigt Freude über angenehme vergangene Ereignisse.
- Es erkennt Orte, Personen, Tiere oder Dinge wieder.
- Es hört auf seinen Namen.
- Es sucht Spielzeug, das vor seinen Augen unter Becher oder Kissen versteckt wurde.
- Es versteht einfache Aufforderungen.
- Es hält einen Löffel, kann ihn aber nicht allein gebrauchen.
- Es trinkt mit Hilfe aus einer Tasse.

2. Lebensjahr
Im 2. Lebensjahr, üben sich die Kinder anfänglich im freien Gehen und perfektionieren es. Dadurch erreichen sie einen noch weiteren Rahmen, um zu explorieren, experimentieren und zu imitieren. Es wird nun mit Bausteinen gespielt, Malstifte können zum Einsatz kommen und einfache Bilderbücher können angeboten werden. Das Kind erweitert seinen aktiven Wortschatz (Begriffe und Symbolwerte) und beginnt zu fragen, dadurch baut es seinen Wortschatz von 20 auf 300 Wörter auf. Das Kind lernt sich zu beschäftigen, es kommt seinem Ordnungstrieb nach, hat Interesse am häuslichen Leben und entwickelt die Verbindung von Wahrnehmung und Reaktion. Es erwirbt räumliche Vorstellungen (Körperschemata und Raumschemata) und kann auch einen Turm mit 5–6 Klötzen bauen.

3. Lebensjahr
Das dreijährige Kind übt seine motorischen Kompetenzen zur Erkundung seiner Umwelt. Es kann bereits Dreiradfahren, Hüpfen, Kicken, Bälle werfen. Im Spiel spielt es „so als ob" (Illusions-Rollenspiel), auch die bevorzugte Hand kommt vermehrt zum Einsatz, beim An- und Ausziehen gewisser Kleidungsstücke, großflächigem Malen, gestalterischem Spielen mit Knetmasse, Bausteinen usw. Das Kind experimentiert in den verschiedensten Möglichkeiten, um den Sinn und den Zweck von Gegenständen zu erkennen und sich Formunterschiede einzuprägen. Es kommt auch zu einer beachtlichen Erweiterung des Wortschatzes.

3.–4. Lebensjahr

Im dritten und vierten Lebensjahr verlagert sich das Neugierdeverhalten von der senso-motorischen Bewältigung – vom Greifen zum Begreifen – auf die geistige Bewältigung und zur sprachlichen Erkundung der Welt.

Bis 6. Lebensjahr

Im weiteren Entwicklungsverlauf (bis sechs Jahre) sind Rollenspiele weiterhin sehr beliebt, nun aber beginnen die Kinder mit dem konstruktiven Spiel. Spielregeln, Regelspiele und Wettspiele werden interessant und sind zu bewältigen. Das Alleinspiel wird vom gemeinsamen Spiel abgelöst, die Reife für Kooperation wird nach und nach erreicht. Sie erproben ihre eigenen Kräfte und Grenzen und schließen Freundschaften, auf die sie sehr stolz sind. Die Alltagsroutine wird selbständig bewältigt und das Kind hat ein sensibles Empfinden für sein Eigentum. Es kann zwischen Wahrheit und Lüge unterscheiden und ergänzt mangelnde Informationen durch seine Fantasie (vgl. Knupfer/Rathke, 1986, S. 29–43; Zimbardo, 1995, S. 55).

Erläuterungen zu den Beobachtungsbereichen

Zur besseren Übersicht werden die Beobachtungsbögen in unterschiedliche Teilbereiche untergliedert. Im Beobachtungsbogen zur *differenzierten Wahrnehmung* geht es darum, genau zu beobachten, wie und was das Kind wahrnimmt, ob es bereits in Bezug auf Größe, Gewicht, Temperatur, Farben etc. unterscheiden und ordnen kann und ob es seine Wahrnehmungseindrücke in einer Weise organisieren kann, so dass zusammenhängende Szenen entstehen. Sowohl Differenzierung als auch Wahrnehmungsorganisation sind elementare Voraussetzung für sich differenzierende Denkprozesse.

Obwohl das Denken nicht direkt beobachtet werden kann, kann es aus Beobachtungen verschiedener Prozesse erschlossen werden, z. B. ob das Kind in der Lage ist, logisch zu denken, welche Erfahrungen es im Zuge von Experimenten gewinnt, wie es argumentiert und wie es seine Wissensstände über Sachverhalte, Ereignisse und Handlungsabläufe organisiert. Diesen Fragestellungen widmet sich der Beobachtungsbogen zur *Denkfähigkeit*.

Unter *Wissensaneignung*, das Thema, mit dem sich der dritte Beobachtungsbogen befasst, könnte man einen konstruktiven Prozess verstehen, dessen Grundsatz lautet: Wie und an was man sich erinnert wird dadurch bestimmt, wer man ist und was man bereits weiß, d. h. vieles von dem, was man weiß, wird in so genannten Schemata gespeichert. Schemata enthalten Wissensstrukturen und Vorannahmen über bestimmte Gegenstände, Menschen und Situationen und die Art ihrer Beziehungen. In Bezug auf das Kind ist hiermit die Aneignung altersgemäßer Kenntnisse, z. B. Zahlen, Begriffe, Farben gemeint sowie erste lernmethodische Kompetenzen (lernen wie man lernt).

Das Gedächtnis ermöglicht es uns, uns Dinge zu merken und uns zu erinnern und ist in mehrere Bereiche untergliedert: das Langzeitgedächtnis für die langfristige Speicherung von Wahrnehmungen und Erfahrungen, das Kurzzeitgedächtnis zur Speicherung von Informationen für einige Augenblicke. Gedächtnisleistungen sind die Voraussetzung dafür, dass man auf Wissensbestände zurückgreifen, neue Wahrnehmungseindrücke sinnvoll einordnen und daraus wiederum neue Erkenntnisse gewinnen kann. In der Arbeit mit Kindern kann dieses z. B. mit Hilfe von Nacherzählungen, Gedichten, Geschichten und diversen Spielen (z. B. Memory) geübt werden. Im Beobachtungsbogen zum *Gedächtnis* lassen sich die Entwicklungsschritte festhalten.

Ein zentrales Merkmal des Denkens und der Intelligenz ist die Entwicklung von Problemlösungsstrategien, eine Fähigkeit, Verbindungen zu knüpfen, die Beobachtungen oder Vorstellungen auf neue, bedeutsame Weise zusammenbringen. Dazu gehört die Erfassung des Kerns eines Problems, das Finden des optimalen Ansatzes für die Bearbeitung eines Problems und die Fähigkeit, eine gute Entscheidung zu treffen. Das Kind soll vom Erzieher ermutigt werden, selbst Problemlösungsstrategien zu entwickeln, Hypothesen zu bilden, nach Problemlösungsalternativen zu suchen und Fehler nicht als Zeichen von Inkompetenz oder mangelnder Sorgfalt zu werten, sondern als wichtige Schritte.

Beobachtungsbogen zur differenzierten Wahrnehmung

Beobachtungskriterien	Beobachtungsergebnisse (+, –, ~)				
	1. Quartal	2. Quartal	3. Quartal	4. Quartal	Durchschnitt
2.–3. Lebensjahr					
Kind kann einen Körperteil an sich selbst zeigen, wenn es danach gefragt wird, z.B. „Wo ist deine Nase?"					
Es verwendet mindestens zwei Eigenschaftswörter richtig, z.B. heiß, kalt.					
Es zeigt mit dem Zeigefinger auf Dinge, die es haben will.					
3.–4. Lebensjahr					
Das Kind kann sagen, was eine Person im Bilderbuch gerade tut, z.B. rennen, schlafen, essen.					
Es kennt Größenbegriffe groß und klein.					
Es kennt die ersten Grundfarben (rot, gelb, grün und blau) und kann auf diese zeigen.					
Ab dem 5. Lebensjahr					
Das Kind merkt sich und reagiert auf vereinbarte – auditive Signale					
– visuelle Signale					
– taktile Signale					
Es sortiert Mengen nach bestimmten Vorgaben.					
Es ordnet eine Menge der Anzahl nach.					
Wiegen und Messen von Gegenständen wird im Spiel erkundet und angewandt.					
Kind kann klassifizieren und sucht nach angegebenen Merkmalen Gegenstände heraus und bestimmt Übereinstimmungen und Unterschiede (z.B.: „Was ist rot und groß?").					
Es kann verschiedene Formen und Flächen unterscheiden (eckig, rund, etc.).					

© Lueger, D.: Beobachtung leicht gemacht, Beltz Verlag, Weinheim und Basel 2005

Beobachtungsbogen zur Denkfähigkeit (kausales Denken)

Beobachtungskriterien	Beobachtungsergebnisse (+, −, ~)				
	1. Quartal	2. Quartal	3. Quartal	4. Quartal	Durchschnitt
2.–3. Lebensjahr					
Kind zeigt nacheinander auf zwei Personen, die es kennt, wenn es nach ihnen gefragt wurde.					
Es kommt kleinen Aufforderungen nach wie z. B.: „Bring mir bitte deine Schuhe her".					
Es fügt zwei Wörter zu einem Satz zusammen: z. B. „Ball haben".					
3.–4. Lebensjahr					
Das Kind kann ein einfaches Puzzle (zehn Teile) zusammensetzen.					
Das Kind sagt „Mir!" und nicht mehr seinen Vornamen, wenn es z. B. gefragt wird: „Wem gehört die Puppe?"					
Es kann sagen, ob es ein Bub oder ein Mädchen ist.					
Es kann Perlen von einem größeren Durchmesser an einer Schnur aufziehen.					
Ab dem 5. Lebensjahr					
Das Kind kann sich mit einem Ding oder einer Sache über eine längere Zeit beschäftigen.					
Es kann eine Bildgeschichte ordnen.					
Es erkennt Kausalzusammenhänge (Wenn-dann-Beziehungen).					
Es erkennt Finalbeziehungen (Zweck-Mittel-Beziehungen).					
Es verwendet Vergleichsbegriffe (z. B. mehr, höher, größer).					

© Lueger, D.: Beobachtung leicht gemacht, Beltz Verlag, Weinheim und Basel 2005

Beobachtungsbogen zur Wissensaneignung

Beobachtungskriterien	Beobachtungsergebnisse (+, –, ~)				
	1. Quartal	2. Quartal	3. Quartal	4. Quartal	Durchschnitt
2.–3. Lebensjahr					
Die Begriffe „Mama" und „Papa" werden gerichtet gebraucht.					
Das Kind verlangt nach Essen und Trinken.					
3.–4. Lebensjahr					
Das Kind kann drei Dinge wieder finden, die, während es zugeschaut hat, kurz vorher an verschiedenen Orten versteckt wurden.					
Es kann die Mengenbegriffe eins und viele unterscheiden („Gib mir einen Stein – jetzt gib mir viele").					
Es singt bei Liedern teilweise mit, und kann auch ein einfaches Gedicht aufsagen (Vierzeiler).					
Ab dem 5. Lebensjahr					
Das Kind äußert Wünsche nach gezielter Beschäftigung.					
Es kann simultan Mengen erfassen, d. h. zum Beispiel die Augenzahlen eines Würfels auf einen Blick ohne Abzählen erkennen (Simultanerfassen).					
Es kann Gegenstände der Reihe nach bis zwanzig abzählen.					
Es kennt verschiedene Verwendungssituationen von Zahlen (Alter, Hausnummer, Telefon, etc.).					
Es kann in einem Zahlenraum bis zehn mit Legematerialien, z. B. Muggelsteine, addieren und subtrahieren.					
Es kann Zeit erfahren und wahrnehmen.					
Es erkennt Naturphänomene und beschreibt sie (z. B. Tagesablauf, Wettererscheinungen, Jahreszeiten, etc.)					
Es interessiert sich für Experimente und Versuchsreihen aus dem Bereich der Natur und Technik.					

© Lueger, D.: Beobachtung leicht gemacht, Beltz Verlag, Weinheim und Basel 2005

Beobachtungsbogen zum Gedächtnis

Beobachtungskriterien	Beobachtungsergebnisse (+, –, ~)				
	1. Quartal	2. Quartal	3. Quartal	4. Quartal	Durchschnitt
2.–3. Lebensjahr					
Das Kind versteht eine Ankündigung zum Ausfahren, Spazierengehen oder Einkaufen.					
3.–4. Lebensjahr					
Es fragt oft nach Namen von Dingen.					
Es stellt viele Fragen mit wer, wann und warum, um Gründe, Ursachen und Beziehungen zu erfahren (zweites Fragealter).					
Es kann einfache Regeln einhalten und sich in eine Gruppe einordnen.					
Ab dem 5. Lebensjahr					
Das Kind versteht Aufträge.					
Es merkt sich Gruppen-, Spielregeln und Vereinbarungen.					
Es merkt sich Lieder, Gedichte, Sprüche, Geschichten, Fingerspiele.					
Es kann Wesentliches aus Geschichten nacherzählen.					
Es spielt problemlos mit Memory, Puzzles, Gedächtnislotto.					
Es beendet Tätigkeiten, bevor neue begonnen werden.					
Es versteht Anweisungen, ohne dass sie nochmals erklärt werden müssen.					

© Lueger, D.: Beobachtung leicht gemacht, Beltz Verlag, Weinheim und Basel 2005

Beobachtungsbogen zu Intelligenz und Problemlösung

Beobachtungskriterien	Beobachtungsergebnisse (+, –, ~)				
	1. Quartal	2. Quartal	3. Quartal	4. Quartal	Durchschnitt
2.–3. Lebensjahr					
Das Kind kann Buchseiten umwenden, aber meistens gleich ein paar miteinander.					
Es räumt Schubladen auch wieder ein, nachdem es sie ausgeräumt hat.					
Es versucht, z. B. Deckel auf Schachteln zu tun, hohle Räume zu schließen.					
Es kann am Tisch essen, wenn es im Hochstuhl sitzt.					
Das Kind nimmt selbst den Löffel, weil es essen möchte, der Löffel kippt jedoch noch häufig um.					
Beim Trinken hält es den Becher mit beiden Händen und braucht dabei nur wenig Unterstützung.					
3.– 4. Lebensjahr					
Es kann Wasser von einem Gefäß in ein anderes gießen, ohne etwas zu verschütten.					
Es kann ein gefülltes Glas von einem Tisch zum anderen tragen.					
Es kann einen Ball fangen und zurückwerfen.					
Es kann einen Ball mit beiden Händen fangen, greift aber noch oft daneben.					
Es kann sich selbst Gesicht und Hände waschen und die Zähne putzen.					
Es meldet sich zur Toilette und kontrolliert seine Blase.					
Das Kind kann sich selbst einfache Kleidungsstücke an- und ausziehen.					
Es zeichnet eine gerade Linie nach.					
Es malt Bilder mit Linien und Farbflecken und kann sagen, was es gezeichnet hat.					
Gegen Ende des dritten Lebensjahres kann das Kind bereits ein Kreuz und in weiterer Folge ein Viereck von einer Vorlage abzeichnen.					
Es zeichnet Menschen nur mit Kopf und Beinen (Kopffüßler).					

© Lueger, D.: Beobachtung leicht gemacht, Beltz Verlag, Weinheim und Basel 2005

Forts. Beobachtungsbogen zu Intelligenz und Problemlösung

Beobachtungskriterien	Beobachtungsergebnisse (+, –, ~)				
	1. Quartal	2. Quartal	3. Quartal	4. Quartal	Durchschnitt
Ab dem 5. Lebensjahr					
Das Kind löst Probleme eigenständig.					
Es kann Mengen vergleichen und erkennt, dass die Qualität unverändert bleibt, wenn die Form oder die räumliche Anordnung verändert wird.					
Es erkennt das Gleichbleiben von Mengen in verschiedenen Gefäßen.					
Es setzt Begriffe in seinen Darstellungen wie lang, kurz, gerade, schräg, schief, oben, unten, vorne, hinten, dazwischen, daneben, innen, außen, rechts, links ein.					
Es beschreibt die unbelebte Natur, deren Erscheinungsformen und Veränderungen (Wasser – Boden, Steine – Luft – Feuer, etc.).					
Es besitzt Interesse an der belebten Natur, zeigt Respekt vor Pflanzen und Tieren.					
Es entwickelt sein Spiel mit eigenen Einfällen weiter.					
Es bemüht sich beim Ausführen seiner Aufgaben um Qualität, probiert Neues aus und ist lernbegierig.					
Es kann Figuren und Muster experimentell und spielerisch erkennen und herstellen (z.B. vorgegebene Muster nachlegen, Reihen fortsetzen und Fehler finden, Figuren, die einer Vorlage gleichen, herausfinden, Melodien und Rhythmen wieder erkennen und nachspielen).					
Es stellt gemeinsam mit dem Erzieher Hypothesen auf und entwickelt eigene Ideen.					

(Vgl. Schenk Danzinger, 1990, S. 140–192, S. 221; Entwicklungstabelle zusammengestellt nach Angaben von Gesell und Amatruda, Herzka, Vojta, Bühler/Hetzer und Hellbrügge/Pechstein/Schlienger, 1988, 13–17; Zimbardo, 1995, S. 357–531; vgl. Ministerium für Schule, Jugend und Kinder des Landes Nordrhein-Westfalen/Bayerisches Staatsministerium für Arbeit und Sozialordnung, Familie und Frauen, 2003, S. 177–181, S. 168–171).

© Lueger, D.: Beobachtung leicht gemacht, Beltz Verlag, Weinheim und Basel 2005

Pädagogische Überlegungen

Die kognitive Entwicklung verläuft bei Kindern im Alter von null bis sechs Jahren sehr unterschiedlich. Dies hängt nicht nur von den Voraussetzungen (Anlage) ab, die ein Kind mitbringt, sondern auch vom Maß der Förderung und Forderung seitens der Umwelt, da es in seiner Entwicklung viele sensible Perioden durchschreitet. „Eine kritische (sensible) Periode ist ein Entwicklungsabschnitt gesteigerter Sensibilität, in dem der Organismus über die optimale Bereitschaft zum Erwerb einer bestimmten Verhaltensweise verfügt; ganz bestimmte Stimuli (Reize) und Erfahrungen müssen allerdings vorliegen, damit dies geschieht. Treten sie nicht auf und erwirbt der Organismus deshalb das Verhalten nicht zu diesem Zeitpunkt, so wird es später schwierig, wenn nicht unmöglich sein, dies nachzuholen." (Zimbardo, 1995, S. 61) Die Darstellung zeigt, dass eine Förderung speziell in den ersten Lebensjahren (und auch später) für eine optimale Entwicklung eines Kindes unumgänglich ist. Das Denken isoliert zu fördern ist nicht der Sinn, wichtig ist die Vielfalt an Möglichkeiten, die einem Kind zum Erforschen, Experimentieren, Erproben, etc. geboten werden, damit es seine Denk- und Handlungsstrukturen um- und aufbauen kann. Gleichermaßen wichtig ist aber auch die intensive Beschäftigung der Erzieherin mit dem Kind in Form von gemeinsamen Rollen, Bau- und Konstruktionsspielen, Rate-, Würfel- und Gesellschaftsspielen, Puzzeln, Memories legen, Geschichten erzählen, Bewegungsspielen, gemeinsames Musizieren. Bei alledem ist seine soziale Umwelt mit einzubeziehen, denn das Kind lernt im Spiel mit anderen Kindern, es organisiert seinen Tagesablauf mit ihnen, plant Vorhaben, baut Ideen aus usw.

Exkurs zum Thema Hochbegabung

Manchmal entwickelt das Kind aus eigener Neigung heraus Vorlieben und Interessen für ein bestimmtes Gebiet, oft wird es jedoch auch von den Eltern in eine Richtung sehr gefördert. Beides kann sich in einer generellen (alle Entwicklungsbereiche betreffenden) oder partiellen (einen Entwicklungsbereich betreffenden) Hochbegabung niederschlagen. Die Betonung liegt auf „kann". Eltern neigen oft dazu, ihr Kind als überdurchschnittlich intelligent einzustufen und verbinden damit bestimmte Erwartungen – auch an die Erzieherin. Eine solche Einschätzung sollte jedoch besser von einschlägigen Fachdiensten vorgenommen werden. Die Erzieherin hat die Aufgabe, die Kinder gut zu beobachten, ihnen zuzuhören, um frühe Indikatoren einer besondern Begabung bzw. Hochbegabung zu erkennen, diese gegebenenfalls mit den Eltern zu besprechen und sich an eine kompetente Seite zu wenden.

Hochbegabte Kinder sind solche, die in manchen Entwicklungsbereichen ausgesprochen anspruchsvolle Leistungen zeigen, sehr kreativ sind, über eine gesteigerte Sensibilität für Gegebenheiten verfügen, die andere Menschen für gewöhnlich nicht bemerken, und sich durch ein hohes Aktivitätsniveau und Lernbegierde auszeichnen. Die Kinder erkunden alles um sich herum mit einem unglaublichen Wissensdurst, erfassen, verarbeiten und systematisieren neue Erfahrungen sehr schnell und erwarten dafür auch entsprechende Anerkennung. Diese geballte Energie wirkt oft irritierend auf das Umfeld. Aber auch die hochbegabten Kinder können ungeduldig mit ihren Mitmenschen werden, wenn diese eine gestellte Aufgabe nicht so schnell wie sie selbst erledigen. Sie werden unruhig, stören den Gruppenprozess und machen sich unbeliebt, fälschlicher Weise werden sie gerne als „hyperaktiv" eingestuft.

Gerade Hochbegabte bedürfen einer Integration in die Regelgruppe und müssen in allen Bereichen angemessen gefördert werden. Die Hochbegabung in einem Bereich darf nicht der Anlass sein, andere wichtige Erfahrungsbereiche als unwichtig abzutun. Alle pädagogischen Angebote in den verschiedenen Entwicklungsbereichen müssen abwechslungsreich sein, hochbegabte Kinder sollen sich in ihrer Umwelt wohl fühlen und positiv entwickeln können. Einerseits benötigen diese Kinder Freiräume, andererseits muss man sie auch verstärkt in Aktivitäten mit anderen Kindern einbinden und Projektarbeiten durchführen. Bei diesen Aktivitäten darf ein häufiges Fragen nicht als störend empfunden und abgeblockt und die hochbegabten Kinder dürfen nicht altklug, vorlaut oder besserwisserisch abgewertet werden. Ein solches Verhalten ist einfach Ausdruck ihrer Neugier und ihres Interesses.

Wichtig ist auch das Bewusstsein, dass es keine „Wunderkinder" in allen Bereichen gibt. Hochbegabte haben in anderen Bereichen ihre Schwächen, die man erkennen, die man zugestehen und auf die man eingehen muss. Ansonsten werden hochbegabte Kinder über-fordert, was sich insgesamt negativ auf ihre Entwicklung auswirken kann. Die Beobach-tungsaufgabe der Erzieherin ist hier, die Entwicklung von hochbegabten Kindern genau zu verfolgen und sie in den Bereichen zu unterstützen, in denen sie Hilfe brauchen.

Kopiervorlage für Förderangebote zur kognitiven Entwicklung

Datum	Kurzreflexion (+, –, ~) ▶
Angebot	**Reflexion**
Ziel	

Datum	Kurzreflexion (+, –, ~)
Angebot	**Reflexion**
Ziel	

Datum	Kurzreflexion (+, –, ~)
Angebot	**Reflexion**
Ziel	

© Lueger, D.: Beobachtung leicht gemacht, Beltz Verlag, Weinheim und Basel 2005

Entwicklungsbereich Emotionen und soziales Verhalten

Allgemeine Überlegungen

Ob wir uns „gut" oder „schlecht" oder „leer" fühlen: Wir fühlen eigentlich immer. Emotionen gehören zur Grundausstattung des Menschen und sie bestimmen sein Handeln und Empfinden. Charakteristisch für Emotionen ist, dass sie sowohl das körperliche als auch das psychische Erleben betreffen, dass sie passiv erlebt werden – Gefühle kommen über einen – und sie werden von leichter bis starker Erregung begleitet. Gefühle sind Reaktionsmuster auf körperinterne und externe Reize, die sich auf der physiologischen, der motorisch-verhaltensmäßigen und der subjektiv-psychologischen Ebene auswirken.

Emotionen sind ein grundlegender Bestandteil menschlicher Existenz, da bestimmte Situationen Emotionen und damit gekoppelte Verhaltensweisen hervorrufen. Ein Beispiel dafür wäre das Lächeln eines Säuglings, das bei seiner Mutter eine bestimmte Verhaltensweise hervorruft: sie wendet sich ihrem Kind körperlich und sprachlich zu und kümmert sich um es. Kleine Kinder sind noch nicht im Besitz vieler komplexer Emotionen, sie erwerben diese Fähigkeiten anhand ihrer sozialen Erfahrungen. Die Emotionen des ersten Lebensjahres beziehen sich auf Glück, Freude, Trauer, Furcht, Wut, Überraschung und Ekel und sind angeborene Reaktionsmuster, die in allen Kulturen gleich ablaufen und das Kind zu Handlungen motivieren.

Emotionen verleihen Aktivitäten Bedeutung und wandeln Gleichgültigkeit in Verlangen um. Aus dieser Perspektive ist ohne Emotion alles ohne Bedeutung, mit Emotion kann alles wichtig sein, wie z. B. die Freude, einen Freund wieder zu sehen, gemeinsam zu spielen, Ideen auszutauschen, Lachen über Vergangenes – dies erfährt ein Kind im täglichen Spiel, im Rollenspiel, im Dialog, in der Gemeinschaft, im Umgang mit Erwachsenen und Kindern. In diesen gemeinsamen Interaktionen spielen Gefühle und soziale Bindungen für die Entwicklung und das Wohlbefinden eines Menschen eine große Rolle. Wer wir sind und was wir lernen, wird wesentlich durch die emotionale Atmosphäre und soziale Interaktionen geprägt.

Der Mensch ist ein soziales Wesen und auf Kontakt, Beziehung und die Gefühle anderer angewiesen. Das Bewusstsein über die eigenen Emotionen und das Wahrnehmen der Emotionen anderer ist ein entscheidender Faktor beim Eingehen und Gestalten sozialer Beziehungen. Dieser Lern- und Anpassungsprozess dauert ein ganzes Leben lang. Wir versuchen, die bestehenden gesellschaftlichen Normen und Werte in uns aufzunehmen und sie zu unseren eigenen zu machen (Sozialisation).

Die ersten sozialen und emotionalen Erfahrungen macht das Kind in der Interaktion mit seiner ersten Bezugsperson, in der Regel mit seiner Mutter. Diese erste „Beziehung" ist biologisch vorprogrammiert und sichert das Überleben eines Kindes. Das Kind sendet Schlüsselreize aus (Unruhe, Schreien, etc.), auf die die Mutter besonders sensibel reagiert. In einem intakten Interaktionsverhältnis beantwortet sie diese mit Verständnis für die Bedürfnisse des Kindes, mit Füttern, Liebkosen, Zuspruch u. v. m. Bei dieser Form des Dialogs zwischen Mutter und Kind erkennt das Kind sehr schnell (bereits im zweiten und dritten Monat), dass es seine Äußerungen bewusst einsetzen kann, um seine Bedürfnisse zu befriedigen („instrumentale Konditionierung") (vgl. Schenk-Danzinger, 1990, S. 29). Reagieren Bezugspersonen auf die Gefühle des Kindes, lernt das Kind, dass es etwas bewirken, eine Situation gestalten kann. Dieses Konzept der Selbstwirksamkeit ist grundlegend für die Regulation seiner Gefühle und das Gestalten von Beziehungen.

Kinder, die diese Interaktionserfahrungen nicht machen, werden leicht von ihren Gefühlen überwältigt und zeigen übermäßige Reaktionen. Deshalb ist es wichtig, das Kind mit seinen Gefühlen und Bedürfnissen wahrzunehmen und entsprechend zu reagieren. Oft reicht eine kleine Geste, ein Lächeln, ein kurzes Handhalten, um eine emotionale Überreaktion zu vermeiden, weil sich das Kind dann ernst genommen fühlt. Bedeutsam ist jedoch auch die Erfahrung, dass zu einer Beziehung neben positiven Gefühlen wie Liebe, Freude und Spaß auch negative wie Kummer, Verzweiflung oder Ärger gehören. Kinder sollten erfahren, dass negative Gefühle und Stimmungen eine Beziehung nicht in Frage stellen oder gar zum Abbruch führen, sondern notwendige Voraussetzung dafür sind, sich individuell und gemeinsam weiterzuentwickeln, ohne die eigene Integrität aufzugeben. Der emotionale und intellektuelle Dialog zwischen Bezugspersonen und Kind in einer stabilen, respektvollen und einfühlsamen Beziehung fördert die Entwicklung von Selbstwertgefühl, Lernmotivation und Selbstwirksamkeit.

Wie die bisherigen Darstellungen zu den Emotionen zeigen, befindet sich der Mensch als soziales Wesen von Geburt an in sozialen Austauschprozessen, die mit zunehmendem Alter immer komplexer werden und ihm entsprechende soziale Kompetenzen abverlangen. Damit ist zum einen die Entwicklung einer sozialen Identität gemeint, d. h. wie sich das Kind im Verhältnis und im Umgang mit „Anderen" begreift. Zum anderen geht es um soziales Wissen, das heißt um das Kennen lernen von Rollen, Normen, Werten, sozialen Regelsystemen und Beziehungsstrukturen. Voraussetzung hierfür sind positive emotionale Erfahrungen, die das Kind in sozialen Interaktionen mit seinen Bezugspersonen macht und die sich auf die grundlegenden Bedürfnisse nach Bindung und Selbstwirksamkeit beziehen. Abhängig von der Qualität dieser Interaktionen und den daraus entstehenden Bindungen entwickelt sich die Fähigkeit des Kindes, sich forschend mit den Dingen und den Menschen seiner Umwelt auseinander zu setzen und sein soziales, emotionales und kognitives Verhaltensspektrum zu erweitern.

Der Verlauf der emotionalen und sozialen Entwicklung

Die Entwicklung des emotionalen und sozialen Verhaltens hängt sehr stark von der Persönlichkeit und Umwelt eines Kindes ab. Einige Verhaltensweisen sind angeboren (z. B. das erste Lächeln) und andere wiederum werden im Laufe der Entwicklung erworben, je nach den Erfahrungsmöglichkeiten, die einem Kind geboten werden. Am Anfang steht der Gefühlskontakt des Säuglings zur Mutter, dieses bestehende Gefühlsband ist Wegbereiter für die Sprachentwicklung und somit der aktive Kontakt zur Umwelt.

Geburt bis 3. Lebensmonat

Die Zeit von der Geburt bis hin zum zweiten Lebensmonat wird auch die „autistische Phase" bezeichnet. Das Kind genügt sich selbst und bedarf nur der Bedürfnisbefriedigung und Pflege seitens der Mutter. Ab dem zweiten Monat beginnt die „symbiotische Phase": Das Kind bildet mit der Mutter eine „Zweiheit" (Dyade); Bezugspersonen sind zwar austauschbar, Veränderungen werden jedoch bemerkt.

- Das Kind schreit als Appell, damit seine Unlustgefühle behoben werden (Verabreichung von Zärtlichkeit, Zuspruch, Nahrung, etc.).
- Es beendet das Weinen, wenn es in den Arm genommen wird.
- Es schmiegt sich an die Mutter an und betrachtet diese in der Stillsituation.
- Es betrachtet ein bewegtes Gesicht in unmittelbarer Augennähe, es erwidert auf diese Art sein soziales Interesse.
- Es lächelt spontan bei Zuwendung, da es sich emotional mit seinem Gegenüber auseinander setzt.

Ab dem 3. Lebensmonat

- Das Kind erwidert das Lächeln auf sprachliche Zuwendung.
- Es beginnt zu plaudern, freut sich über eigene Lautproduktionen.
- Es begegnet dem Blick der Mutter, sucht ihren Kontakt.
- Es ahmt Mimik der Mutter nach, erlernt vorgezeigte Gesten.

Ab dem 4. Lebensmonat

- Das Kind drückt unangenehme Gefühle wie (Angst, Furcht, Wut, Zorn, Ekel) durch Schreien und Weinen aus.
- Es beobachtet konzentriert die Alltagsroutine und Tätigkeiten der Bezugspersonen, da es sich emotional von ihnen angesprochen fühlt – sie sind ihm wichtig und es möchte wissen, was sie tun.

Ab dem 5. Lebensmonat

- Das Kind erkennt die Mutter an ihrem Schritt oder Stimme.
- Es hat gelegentlich Angst im Dunkeln, beruhigt sich aber nach Zuwendung.

Ab dem 6. Lebensmonat

- Das Kind beginnt den eigenen Körper von dem seiner Mutter zu unterscheiden, aber auch diese von anderen Personen. Die Mutter ist nicht mehr austauschbar, das Kind fühlt sich der Mutter zugehörig. Dies zeigt sich auch in der anschließenden Acht-Monats-Angst, wobei die Kinder sehr heftig gegenüber fremden Personen reagieren können (Fremdeln).
- Es hört auf zu weinen bei Zuwendung einer gut bekannten Person.
- Es bahnt Kontakte mittels Schreien an, um die Mutter anzulocken.
- Es zeigt Freude, wenn die Mutter erscheint.
- Es plaudert gezielt in Richtung der Mutter um sie auf sich aufmerksam zu machen.
- Es verlangt, auf den Arm genommen zu werden zur Stillung seines emotionalen Bedürfnisses.
- Es beginnt zu weinen, wenn sein Kontaktstreben nicht beachtet wird.

Ab dem 7. Lebensmonat

- Das Kind widersetzt sich, wenn man ihm ein Spielzeug aus der Hand wegnehmen will, es testet seine soziale Stellung.
- Es ahmt die Mimik eines Erwachsenen nach, es will von ihm lernen und selbst erproben, wozu es fähig ist.

Ab dem 8. Lebensmonat

- Fremden Personen gegenüber wird das Kind zurückhaltender, es beginnt zu „fremdeln".
- Mittels Blicken, Lauten oder Bewegungen äußert es den Wunsch nach Beschäftigung mit einem Erwachsenen.

Ab dem 9. Lebensmonat

- Das Kind baut einen lebhaften Kontakt mit der Umwelt auf, es ist sozial und emotional aktiv – es bringt seine Wünsche durch Emotionen zum Ausdruck.
- Der Erwachsene kann am Spiel des Kindes teilnehmen, das Spielzeug wird ihm hingestreckt, das Kind entscheidet über seine Vorlieben.
- Es sucht einen Erwachsenen mit den Augen, sobald er sich hinter einem Möbelstück versteckt hat; es lächelt als Reaktion auf die Wiedersehensfreude.

Ab dem 10. bis Ende 12. Lebensmonat

- Das Kind ahmt Gesten wie Winken und Klatschen nach, es übernimmt soziale Gesten
- Es wendet sich den Eltern zu, wenn diese die Hände nach ihm ausstrecken.
- Es reagiert auf Zurufe wie „Halt!", „Nein!", „Aufhören!" und unterbricht seine Tätigkeit kurz, Verbote vergisst es leicht.
- Wenn das Kind nicht will, verweigert es den Kontakt, es reagiert nach seinen eigenen Vorstellungen.
- Das krabbelnde Kind gerät in große Begeisterung, wenn ein Erwachsener versucht es zu fangen.
- Hat es eigene Wünsche, so versucht es diese mit allen Mitteln und Emotionen durchzusetzen.

2. Lebensjahr

- Das Kind freut sich über Bestätigung und wiederholt Dinge, die gelobt wurden, um Aufmerksamkeit zu erregen.
- Das Fremdeln ist weitgehend abgelegt, das Kind braucht aber die Nähe der Mutter.
- Es erforscht mit allen Sinnen seine Umwelt und strebt sofort auf Neues zu, was sein Interesse geweckt hat.
- Es knüpft Kontakt zu anderen Kindern und erkundet seine Lebensumwelt genau, es beginnt sich sozial zu orientieren.
- Es bringt seinen eigenen Willen mit ein durch die Äußerung „Nein!"
- Es erkennt Vertrautes auf Bildern wieder und reagiert so, als wären sie Wirklichkeit (z. B. Küssen des Bildes, weil eine vertraute Person abgebildet ist).
- Es treten Trennungsängste auf, wenn die Mutter das Kind nicht wahrnimmt.
- Es ahmt Tätigkeiten wie Kochen, Füttern, etc. nach.
- Das Kind kann noch nicht mit anderen Kindern gemeinsam spielen, da sie sich das Spielzeug gegenseitig wegnehmen, nur um es zu besitzen.
- Das Kind reagiert empfindsam auf Lob und Kritik, es ist emotional noch nicht voll belastbar.
- Es reicht seine Hand hin, wenn jemand ihm eine entgegenstreckt.
- Es kann warten, bis es an der Reihe ist.

Ende 2. und Übergang zum 3. Lebensjahr

Mit etwa drei Jahren kann sich das Kind von der Mutter loslösen, weil es weiß, dass sie wiederkommt. Das Kind erlebt sich selbst auch als Eigenpersönlichkeit mit all seinen Wünschen, Plänen und Bedürfnissen. Das so genannte Trotzalter steht in engem Zusammenhang mit dem Ich-Bewusstsein des Kindes und dem Erziehungsstil der Eltern. Wichtig ist es, dem Kind gegenüber Verständnis aufzubringen.

- Das Kind versucht sich gegen den Willen der Eltern zu wehren.
- Es kann sich eine kleine Zeitspanne (30 Min.) selbst beschäftigen.
- Es beginnt zu teilen, was ihm gehört.
- Es löst sich von der Mutter und sucht selbst Kontakte zu anderen Kindern.
- Das Kind kann Hilfe annehmen, bringt seine Umgebung gerne zum Lachen, zeigt sich freigiebig und kann teilen, es genießt die Zuneigung, die man ihm entgegenbringt, und hilft mit Freude an den täglichen Hausarbeiten mit.

3. Lebensjahr

Im dritten Lebensjahr findet sich ein Kind in einer Kindergruppe schon gut zurecht, es versteht Anweisungen an die gesamte Gruppe und kann ihnen nachkommen. Es braucht nicht ständig eine neue Aufforderung.

- Das Kind entscheidet sich unter einer Auswahl von Spielen für eines.
- Es wetteifert im Spiel mit Gleichaltrigen.
- Es bevorzugt bestimmte Kinder zum Spielen, es bildet erste Freundschaften.
- Es findet sich mit der Alltagsroutine in einer Kindergruppe gut zurecht.
- Es kann den Gang zur Toilette fast zur Gänze selbst bewältigen.
- Es ist stolz auf seine Errungenschaften.
(Vgl. Schlienger,1988, S. 27–32)

4.–6. Lebensjahr

In diesem Altersabschnitt spielt das Kind bereits gerne mit anderen Kindern, es kann Spielzeug teilen, sich integrieren, hat spezielle Freunde und ist stolz über Lob. Auch eine längere zeitliche Trennung bereitet dem Kind keinen Kummer mehr, es kann sich sehr gut in einer Kinderbetreuungseinrichtung seinem Drang zum Spielen hingeben und in allen Entwicklungsbereichen entfalten.

- Das Kind hat spezielle Freunde.
- Es äußert seine Gefühle verbal wie z. B. „Hab' dich lieb!"
- Es spielt alleine draußen.
- Es macht Kreisspiele mit.
- Es teilt sein Essen oder Süßigkeiten.
- Es will Erwachsenen helfen.
- Es werkt und zeichnet gerne, um anderen das Produkt schenken zu können.
- Es freut sich auf die Schule und bereitet sich spielerisch mit seinen Freunden darauf vor.
- Es wird gerne als kleiner Erwachsener behandelt und übernimmt Aufträge, wie z. B. der Erzieherin helfen den Tisch zu decken etc.
(Vgl. Schenk-Danzinger, 1990, 37–88)

Erläuterungen zu den Beobachtungsbereichen

„Wenn die Funktion der Emotion darin liegt, die Person auf angemessenes Reagieren auf die Aufforderungen des Lebens vorzubereiten und sie dafür zu motivieren, dass sind zwei Fähigkeiten für die Koordination sozialen Verhaltens wesentlich: Wir müssen fähig sein, unsere Gefühle anderen wirksam mitzuteilen und wir müssen in der Lage sein, die Gefühle anderer zu entschlüsseln." (Vgl. Zimbardo, 1995, S. 451) Kann ein Kind seinen Eltern und Mitmenschen mitteilen, dass es sich traurig und hilflos fühlt, so erhöht es die Chance auch Hilfe zu bekommen, getröstet, aufgemuntert, gestreichelt zu werden und kann so ein Problem vielleicht leichter bewältigen und verkraften. Eine zusätzliche Kommunikation von Emotionen erfolgt über die Körpersprache, d. h. ein Kind äußert sich beispielsweise durch den emotionalen Ausdruck seines Gesichts, es blickt z. B. sein Gegenüber wütend an und signalisiert ihm so, dass es vielleicht im nächsten Moment aggressiv und handgreiflich werden könnte. Das andere Kind wird dazu gebracht, sich darauf einzustellen und muss reagieren. Bereits Babies blicken in das Gesicht ihrer Mutter, um eine Hilfe für die Interpretation und die Reaktion in mehrdeutigen Situationen zu erhalten. Emotionen und soziales Verhalten sind demnach miteinander gekoppelt und dennoch müssen wir in der Lage sein unseren Ausdruck dahingehend zu kontrollieren, um persönlichen und/oder kulturellen Darstellungsregeln gerecht zu werden, d. h. wir müssen sozial angemessen reagieren können und uns dafür Kompetenzen aneignen.

Emotionale Kompetenzen
(in Anlehnung an Schneewind, 2003)

- Bewusstheit über den eigenen emotionalen Zustand: Gefühle bei sich wahrnehmen, unterscheiden und benennen können. Wer seine Gefühle kennt, kann besser mit anderen Menschen verhandeln und sich in Konflikten besser behaupten.
- Verständnis der eigenen Emotionen und der Gefühlszustände anderer: Dies ist eine wichtige Voraussetzung für die zwischenmenschliche Kommunikation; dazu gehört insbesondere das Interpretieren von nonverbalen Ausdrucksformen.
- Gefühle anderer richtig interpretieren können: Dazu gehört nicht zuletzt das Einbeziehen und Verständnis des jeweiligen Kontextes, in dem Gefühle geäußert werden.
- Gefühle in Worte fassen können: Das Sprechen über innere Zustände unterstützt sowohl das Bewusstmachen der eigenen Gefühle als auch die Entwicklung von Einfühlungsvermögen.
- Entwicklung von Selbstregulationsfähigkeit: Hier geht es vor allem darum, besonders intensive Gefühle (negative, aber auch positive) und damit verbundene unangenehme Situationen in einer konstruktiven Weise bewältigen zu können.
- Personale Kompetenzen: Selbstwertgefühl, positives Selbstkonzept, Autonomieerleben, Kompetenzerleben, Widerstandsfähigkeit (Resilienz), Kohärenzgefühl (Verständlichkeit, Sinnhaftigkeit und Überzeugung, Situationen bewältigen zu können).
- Motivationale Kompetenzen (Selbstwirksamkeit, Selbstregulation, Neugier und individuelle Interessen).

Soziale Kompetenzen
(in Anlehnung an den Bayerischen Bildungsplan, 2003)

- Aufbau von Beziehungen, die von Sympathie und gegenseitigem Respekt gekennzeichnet sind.
- Empathie und Perspektivenübernahme, d. h. sich in andere Personen hineinversetzen und sie verstehen können, sich auf Gefühle verlassen, Gespräche mit dem Gegenüber überprüfen, Konfliktbewältigung.
- Kommunikationsfähigkeit: sich angemessen ausdrücken, richtige Begriffe zusammen mit angemessener Mimik und Gestik verwenden, andere ausreden lassen, ihnen zuhören und bei Unklarheiten nachfragen.
- Kooperationsfähigkeit: Zusammenarbeiten mit Erwachsenen und Kindern im alltäglichen Leben, d. h. sich absprechen, gemeinsam planen, Aktivitäten abgestimmt durchführen und danach über Erfahrungen sprechen.
- Konfliktmanagement: Erlernen von Konfliktlösetechniken, Verhindern einer Verschärfung von Konflikten, Kompromisse finden, als „Mediator" in Konflikte anderer Kinder vermittelnd eingreifen.
- Entwicklung von Werten und Orientierungskompetenz (Werthaltungen, moralische Urteilsbildung, Unvoreingenommenheit, Sensibilität für und Achtung von Andersartigkeit und Anderssein, Solidarität).
- Fähigkeit und Bereitschaft zur Verantwortungsübernahme (Verantwortung für das eigene Handeln, anderen Menschen gegenüber, für Umwelt und Natur).
- Fähigkeit und Bereitschaft zur demokratischen Teilhabe (Erwerb von Grundkenntnissen über Staat und Gesellschaft, Akzeptieren und Einhalten von Gesprächs- und Abstimmungsregeln, Einbringen und Überdenken des eigenen Standpunktes).
- Interkulturelle Kompetenz: grundlegende Fähigkeit für das konstruktive und friedliche Miteinander von Individuen, Gruppen und Regionen mit unterschiedlichen kulturellen und sprachlichen Traditionen.

Beobachtungsbogen zur Erfassung emotionaler Kompetenzen

Beobachtungskriterien	Beobachtungsergebnisse (+, −, ~)				
	1. Quartal	2. Quartal	3. Quartal	4. Quartal	Durchschnitt
Das Kind hat ein Bewusstsein über den eigenen emotionalen Zustand und kann Gefühle in Worte fassen, es zeigt Verständnis gegenüber den eigenen Emotionen und den Gefühlszuständen anderer.					
Es kann Gefühle anderer richtig interpretieren.					
Es entwickelt Selbstregulationsfähigkeit, d.h. es kann seine Gefühle wahrnehmen und sie angemessen ausdrücken.					
Das Kind zeigt Emotionen wie Staunen, Trauer, Freude, Ärger.					
Es benennt Gründe für Angst.					
Es zeigt emotionale Offenheit, es hat Verständnis für die Gefühlslage anderer.					
Es geht mit Leistungsanforderungen positiv um.					
Es besitzt ein positives Selbstwertgefühl.					
Es besitzt genügend Selbstsicherheit, es äußert seine Meinungen, Wünsche, etc.					
Es ist interessiert an seiner Umwelt.					
Es geht offen an neue Dinge heran.					
Es kann seine Wünsche angemessen verbal zum Ausdruck bringen.					
Es erträgt die Ablehnung von Wünschen.					
Es drückt seine Gefühle mittels seines Körpers aus.					
Das Kind hüpft und klatscht, wenn es sich freut.					
Es akzeptiert Verbote und Regeln.					

© Lueger, D.: Beobachtung leicht gemacht, Beltz Verlag, Weinheim und Basel 2005

Beobachtungsbogen zur Erfassung der sozialen Kompetenzen

Beobachtungskriterien	Beobachtungsergebnisse (+, –, ~)				
	1. Quartal	2. Quartal	3. Quartal	4. Quartal	Durchschnitt
Das Kind ist fähig, Beziehungen aufzubauen, die von Sympathie und gegenseitigem Respekt gekennzeichnet sind.					
Es ist in der Lage, Empathie zu entwickeln und die Perspektive anderer einzunehmen.					
Das Kind ist kommunikationsfähig.					
Es hat einen guten Kontakt zu Erwachsenen.					
Es hat einen guten Kontakt zu Kindern.					
Es kann kooperieren, es kann sich sowohl mit den Erwachsenen als auch mit Kindern absprechen, planen, durchführen und reflektieren.					
Es setzt sich für die Gemeinschaft ein.					
Es geht mit den Sachen anderer gewissenhaft um.					
Es löst Konflikte.					
Es zeigt ein einsichtiges Verhalten.					
Es ist hilfsbereit und setzt sich für andere ein.					
Es entwickelt Werte und Orientierungskompetenz.					
Es ist fähig und bereit zur Verantwortungsübernahme.					
Es verfügt über interkulturelle Kompetenz, es tritt allen Kulturen und Menschen offen gegenüber.					

© Lueger, D.: Beobachtung leicht gemacht, Beltz Verlag, Weinheim und Basel 2005

Beobachtungsbogen zur Erfassung der emotionalen und sozialen Kompetenz im Spiel

Beobachtungskriterien	Beobachtungsergebnisse (+, –, ~)				
	1. Quartal	2. Quartal	3. Quartal	4. Quartal	Durchschnitt
Das Kind ist zum eigenständigen Finden einer Beschäftigung oder eines Spieles motiviert.					
Es kann sich selbst für ein Spiel entscheiden.					
Es organisiert und plant sein Spiel.					
Es entwickelt sein Spiel mit neuen Erfahrungen weiter.					
Es lässt sich auf vorgegebene Spiele ein.					
Es arbeitet konzentriert auf ein Ziel hin.					
Es verwendet weitere Spielgaben und kombiniert.					
Es geht sorgsam mit den Spielsachen um.					
Es nimmt Aufträge an die Gesamtgruppe wahr.					
Es versteht Anweisungen und Aufträge.					
Das Kind strengt sich an, die Aufgaben zu bewältigen.					
Es ist durch einen Rückschlag nicht sofort entmutigt.					
Es versucht verschiedene Wege zur Lösung von Aufgaben.					
Das Kind hat eine dem Alter angemessene Ausdauer.					
Es bewältigt sein Spiel selbst.					
Es kann ein Spiel auch beenden.					
Es spielt mit anderen Kindern.					
Es übernimmt gewisse Rollen im Spiel.					

(Vgl. Bayerisches Staatsministerium für Arbeit und Sozialordnung, Familie und Frauen, 2003, S. 36–38 und S. 192–206; Ministerium für Schule, Jugend und Kinder des Landes Nordrhein-Westfalen, S. 13 f.)

© Lueger, D.: Beobachtung leicht gemacht, Beltz Verlag, Weinheim und Basel 2005

Pädagogische Überlegungen

Die sozial-emotionale Erziehung ist ein Teilbereich der Arbeit in Betreuungseinrichtungen. Jeden Tag wird die Erzieherin mit den unterschiedlichsten emotionalen Wünschen und Kontaktansprüchen der Kinder konfrontiert. Jedem Kind ist dabei mit Verständnis und Einfühlungsvermögen zu begegnen. Es soll Raum und Zeit zur Verfügung haben, wo es Gefühle äußern und ausleben kann, und die Möglichkeit zu positiven Erfahrungen bekommen.

Das Kind ist noch kein Erwachsener und sollte dennoch als eine eigenständige, wichtige Persönlichkeit mit eigener Meinung wahrgenommen, respektiert und wertgeschätzt werden. Angepasst an die Bedürfnisse der Kinder greift die Erzieherin soweit pädagogisch fördernd ein, als dass sie dem Kind nur so viel Unterstützung bietet, die es braucht, um das Weitere selbst bestimmt zu gestalten und eigenaktiv zu tun. Die Erzieherin hat eine Vorbildwirkung auf das Kind, so wie sie ihrer Umwelt gegenüber tritt, wird es ihr das Kind gleichtun – es soll mit Hilfe der Erzieherin lernen, dass jeder Mensch für sein Leben selbst Verantwortung trägt.

Um genügend emotionale und soziale Erfahrungen im täglichen Miteinander und im Spiel erfahren zu können benötigen die Kinder

- Antworten auf ihre Fragen, wie z. B. die Bedeutung eines Gefühles.
- Symbole und Rituale, die ihre Rolle in der Gruppe, den Status und ihre Identität deutlich machen. Die Kinder können sich mit ihrem Garderobenzeichen identifizieren, sie erkennen im Spiel, dass sie sich je nach Situation sozial ein-, über- und unterordnen müssen.
- Anregungen und Impulse, die sie unbekannte Seiten an sich und in der Interaktion mit anderen Kindern und Erwachsenen entdecken und erkunden lassen. Spielerisch können sie die „Kräfte" mit Gleichaltrigen messen, in Form von Wettspielen, Strategiespielen u. v. m., aber auch gemeinsam Pläne schmieden, Ideen umsetzen – sich als Gemeinschaft fühlen nach dem Motto: „Einer für alle, alle für einen!"
- Moderierende Gespräche, um das Lernen lernen in neuen Situationen anzuregen, vor allem auch in der Gruppe mit den anderen Kindern. Hilfestellung bei verbalen Auseinandersetzungen mit Gleichaltrigen: das Kind soll erkennen, dass es sich bei einem Streit nicht gleich körperlich auseinander setzen muss, sondern diesen auch auf der verbalen Ebene lösen kann.
- Hilfestellungen, wenn sie in bestimmten Situationen über- oder unterfordert sind (z. B. sozialen Anschluss finden zu neuen Kindern in der Gruppe).
- Einfühlsamen Trost und Zuspruch, wenn starke Gefühle hochkommen und sie überwältigen. Die Erzieherin soll dem Kind helfen, seine Gefühle wahrzunehmen, mit ihnen umzugehen und eine Problemlösung zu finden und ihm beratend zur Seite stehen.
- Aufmerksamkeit und anschließende Rückmeldung, wobei das Kind positive Verstärkung erfährt. Das Kind benötigt ebenfalls Lob und Anerkennung als Motivation, um sich weiter zu entwickeln und Neues auszuprobieren.

(Vgl. Bayerisches Staatsministerium für Arbeit und Sozialordnung, Familie und Frauen, 2003, S. 61)

Kopiervorlage für Förderangebote zur sozialen und emotionalen Entwicklung

Datum	Kurzreflexion (+, –, ~)
Angebot	Reflexion
Ziel	

Datum	Kurzreflexion (+, –, ~)
Angebot	Reflexion
Ziel	

Datum	Kurzreflexion (+, –, ~)
Angebot	Reflexion
Ziel	

© Lueger, D.: Beobachtung leicht gemacht, Beltz Verlag, Weinheim und Basel 2005

Literatur

Anderson, J. R. (1989). Kognitive Psychologie. Heidelberg: Spektrum Akademischer Verlag (2. Aufl.).

Bayerisches Staatsministerium für Arbeit und Sozialordnung, Familie und Frauen. Staatsinstitut für Frühpädagogik München (Hrsg.) (2003). Der Bayerische Bildungs- und Erziehungsplan für Kinder in Tageseinrichtungen bis zur Einschulung: Entwurf für die Erprobung. Weinheim/Basel/Berlin: Beltz Verlag.

Birbaumer, N./Schmidt, R. F. (1991). Biologische Psychologie. Berlin, Heidelberg/New York: Springer Verlag (2. korrigierte Aufl.).

Fröhlich, A. (1990). Wahrnehmungsstörungen und Wahrnehmungsförderung. Edition Verlag.

Huch, R./Bauer, Ch. (2003). Mensch – Körper – Krankheit. München: Elsevier GmbH, Urban & Fischer Verlag (4. Aufl.).

Kiphard, E. J. (2000). Wie weit ist mein Kind entwickelt? Eine Anleitung zur Entwicklungsüberprüfung. Dortmund: Modernes Lernen Verlag (10. Aufl.).

Krawietz, A. u. a. (1998). Heut' bin ich Pirat! Konzepte und Praxisideen für Bewegungsangebote im Kindergarten. Frankfurt/Main: Sportjugend Hessen Verlag (3. Aufl.).

Ministerium für Schule, Jugend und Kinder des Landes Nordrhein-Westfalen (Hrsg.). Erfolgreich starten! Schulfähigkeitsprofil als Brücke zwischen Kindergarten und Grundschule – eine Handreichung.

Piaget, J. (1980). Psychologie der Intelligenz. Stuttgart: Klett-Cotta Verlag.

Pschyrembel, W. (Hrsg.) (1998). Pschyrembel – klinisches Wörterbuch. Berlin: De Gruyter Verlag (258. neubearb. Aufl.).

Schäfer, G. E. (Hrsg.) (2003). Bildung beginnt mit der Geburt: Ein offener Bildungsplan für Kindereinrichtungen in Nordrhein-Westfalen. Weinheim/Basel/Berlin: Beltz Verlag.

Schäffler, A./Menche, N. (1999). Mensch – Körper – Krankheit. München: Urban & Fischer Verlag (3. Aufl.).

Schenk-Danzinger, L. (1990). Entwicklung, Sozialisation, Erziehung: Von der Geburt bis zur Einschulung. Wien: Österreichischer Bundesverlag, Stuttgart: Klett-Cotta Verlag (2. Aufl.).

Schlienger, I. (1988). Vademecum (Begleite mich) Handbuch für die Entwicklung des Säuglings und des Kleinkindes. Institut für Sonderpädagogik der Universität Zürich.

Schneewind, J. (2003). Die Welt erschließt sich auch über Gefühle. Zur Entwicklung emotionaler Kompetenzen im Kindergarten. In: Sigrid Weber: Die Bildungsbereiche im Kindergarten. Basiswissen für Ausbildung und Praxis. Freiburg: Herder Verlag.

Wendlandt, W. (2000). Sprachstörungen im Kindesalter. Materialien zur Früherkennung und Beratung. Stuttgart: Thieme Verlag (4. überarb. Aufl.).

Zimmer, R. (1995). Handbuch der Sinneswahrnehmung: Grundlagen einer ganzheitlichen Erziehung. Freiburg: Herder Verlag.

Zimbardo, Ph. G. (1995). Zimbardo Psychologie. Berlin/Heidelberg: Springer Verlag (6. Aufl.).

Internetseiten

http://www.nefo.med.uni-muenchen.de/~sglasauer/Vorlesung01.pdf (20.6.2004)

http://server1.nibis.ni.schule.de/~as-er/fach/sport/methode/wahrnem/wahrnehm.htm (23.6.2004)

http://de.wikipedia.org/wiki/Gustatorische_Wahrnehmung (02.12.2004)

http://www.informatik.uni-bremen.de/~nostromo/haptik/ (28.6.2004)

http://www.net-lexikon.de/Olfaktorische-Wahrnehmung.html (18.6.2004)